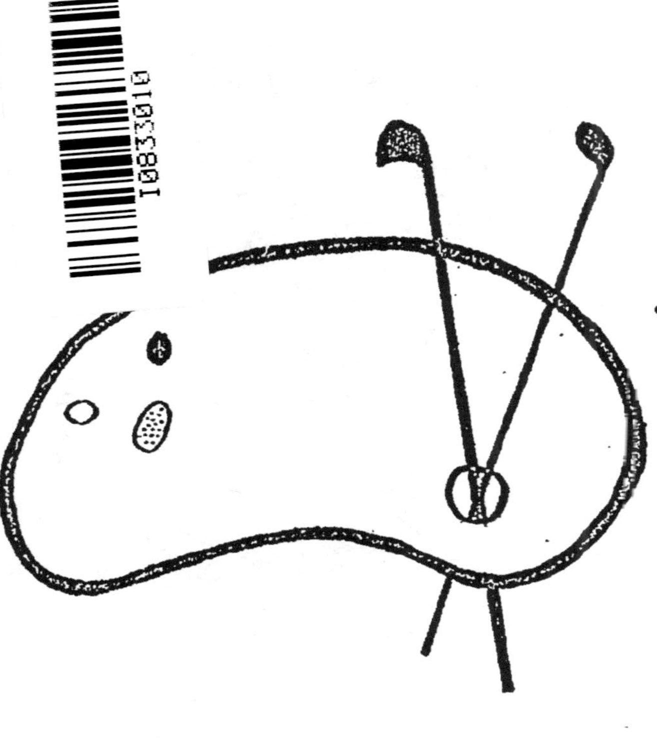
I0833010

DEUXIÈME ÉDITION

LES DRAMES DU MARIAGE

LA VEUVE DU CAISSIER

PAR

XAVIER DE MONTÉPIN

TOME SECOND

PARIS
E. DENTU, LIBRAIRE-ÉDITEUR
PALAIS-ROYAL, 15-17-19, GALERIE D'ORLÉANS

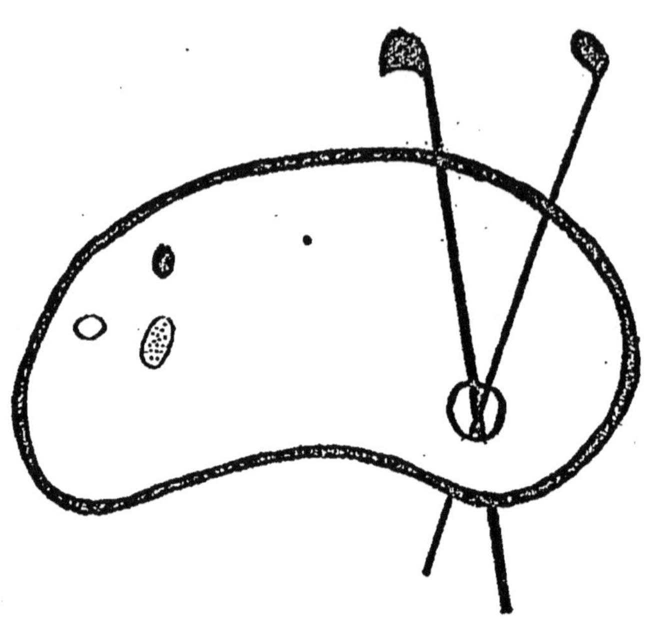

FIN D'UNE SERIE DE DOCUMENTS
EN COULEUR

LA VEUVE

DU

CAISSIER

II

LIBRAIRIE DE E. DENTU, ÉDITEUR

OUVRAGES DU MÊME AUTEUR

Collection grand in-18 jésus à 3 francs le volume

LA SORCIÈRE ROUGE, 4e édition. . . . . 3 vol.
LE VENTRILOQUE, 5e édition. . . . . 3 —
LE SECRET DE LA COMTESSE, 5e édition. . . . . . . 2 —
LA MAITRESSE DU MARI, 5e édition. . . . . 2 —
UNE PASSION, 4e édition. . . . . 1 —
LE MARI DE MARGUERITE, 13e édition. . . . . 3 —
LES TRAGÉDIES DE PARIS, 7e édition. . . . . 4 —
LA VICOMTESSE GERMAINE (suite des *Tragédies de Paris*), 7e édition . . . . 3 —
LE BIGAME, 6e édition. . . . . 2 —
UNE DÉBUTANTE, 3e édition. . . . . 1 —
LA BATARDE, 3e édition. . . . . 2 —
DEUX AMIES DE SAINT-DENIS 3e édition. . . . . . 1 —
SA MAJESTÉ L'ARGENT, 1re partie : *Les Filles sans dot*, 5e édition. . . . 2 —
— — 2e partie : *La Comtesse de Gordes*, 5e édition. . . . . 2 —
— — 3e partie : *Les Trois Sœurs*, 5e édition. . . . . 1 —
LES DRAMES DU MARIAGE, 1re partie : *Les Maris de Valentine*. . 2 —
— — 2e partie : *La Veuve du Caissier*, 3e édition. . . 2 —

SOUS PRESSE :

SON ALTESSE L'AMOUR.
LE MÉDECIN DES FOLLES.
LA MARQUISE CASTELLA.

F. Aureau. — Imprimerie de Lagny.

LES DRAMES DU MARIAGE

LA VEUVE

DU

CAISSIER

PAR

XAVIER DE MONTÉPIN

TOME DEUXIÈME

DEUXIÈME ÉDITION

PARIS

E. DENTU, LIBRAIRE-ÉDITEUR

PALAIS-ROYAL, 15-17-19, GALERIE D'ORLÉANS

1878

LES DRAMES DU MARIAGE

LA VEUVE DU CAISSIER

XXXVII

Le comte Lionel de Rochegude, à l'expiration de son congé de semestre, avait été bien près de donner sa démission.

Un profond dégoût de toutes choses s'était emparé de lui. — Ses projets d'avenir, ses rêves d'ambition n'existaient même plus à l'état de souvenir. — Le *spleen* lui rendait l'existence odieuse.

Ses principes, ses croyances, le respect de son nom, le culte filial surtout que lui inspirait sa mère, ne lui permettaient point de songer au suicide ; il subissait la vie comme un condamné subit sa peine, avec une résignation pleine de révoltes.

Un état si déplorable ne pouvait échapper à la tendresse clairvoyante de madame de Rochegude, mais elle se reconnaissait impuissante à y porter un remède immédiat et comptait sur le temps, ce grand guérisseur de tous les maux de l'âme et du corps.

Lorsqu'elle vit Lionel bien résolu à quitter le service, elle eut un moment de désespoir, n'admettant point que le jeune homme brisât sans motif une carrière honorable entre toutes, où le comte son père s'était illustré.

D'ailleurs que ferait-il une fois rentré dans la vie civile, lui qui ne s'intéressait à rien désormais, et que le plaisir même laissait indifférent?...

L'inaction absolue, aggraverait fatalement le spleen et tout deviendrait à craindre...

Madame de Rochegude combattit avec une éloquence entraînante la résolution de Lionel, et celui-ci, incapable de résister aux prières et aux larmes de sa mère, céda quoique fort à contre-cœur ; il déchira sa démission écrite et prête à partir, et rejoignit son régiment en garnison dans une petite ville d'un département de l'Est.

Ses camarades, ne sachant rien de ce qui lui était arrivé pendant son absence, eurent quelque peine à le reconnaître et s'étonnèrent du prodigieux changement survenu dans ses allures et dans ses habitudes.

Lionel faisait son devoir d'une manière consciencieuse et machinale, mais on ne retrouvait plus en lui le brillant officier et surtout le joyeux compagnon, le viveur à outrance qu'il était autrefois, alors que ses excentricités de haut goût et ses galantes aventures défrayaient les conversations du régiment.

On s'étonnait de l'attitude morne et passive, de l'air sombre et découragé d'un gentleman merveilleusement doué sous tous les rapports, réunissant les priviléges enviables de la naissance et de la fortune, aux avantages naturels d'une apparence séduisante, d'une santé à toute épreuve et d'une intelligence remarquable.

Une métamorphose si radicale et tellement inexplicable devait cacher quelque mystère...

Poussés par une curiosité très-vive, en même temps que par un intérêt très-sincère, les intimes de Lionel firent diverses tentatives — (non couronnées de succès) — pour connaître le mot de l'énigme.

M. de Rochegude ne s'irrita point des investigations à peine déguisées auxquelles il se vit en butte.

Il se contenta de ne pas répondre.

Les camarades du lieutenant, — il nous semble à peu près superflu de le dire, — étaient gens de trop bonne compagnie pour insister.

On laissa Lionel vivre à sa guise, et l'on ne chercha plus à découvrir un secret qu'il voulait garder.

De ce qui précède il ne faudrait pas conclure que M. de Rochegude s'isolât de ses frères d'armes avec affectation.

Rien de semblable ne se produisait.

Le comte vivait de la vie commune, prenait ses repas au *mess* des officiers de son grade et ne s'abstenait point de fréquenter leurs lieux de réunion ; seulement, si son corps était là, sa pensée était ailleurs ; — il s'absorbait dans ses souvenirs et presque toujours, quand on lui adressait la parole à l'improviste, il tressaillait comme un homme qui s'éveille.

Nous savons où allait la pensée de Lionel...

Nous connaissons les souvenirs dans lesquels il se plongeait incessamment avec une sorte de volupté douloureuse...

Une après-midi le jeune comte, retenu toute la matinée par son service, puis par une longue promenade à cheval, était au café des officiers, assis seul à une petite table, s'appuyant au dossier de moleskine rouge du divan, fumant sans en avoir conscience un excellent cigare, ayant devant lui un verre d'absinthe qu'il ne buvait point, et tenant déployé un journal parisien qu'il ne lisait pas.

Autour de lui bon nombre de ses camarades jouaient ou causaient.

Ni le murmure des conversations particulières, coupées d'éclats de voix et de rires sonores, ni le choc des billes se heurtant sur le tapis vert du billard, ni le bruit *sui generis* produit par les échecs, les dames ou les dés, ne parvenaient à causer au jeune comte la moindre distraction.

La tête un peu renversée en arrière il suivait des yeux la fumée de son cigare montant en spirales bleuâtres vers le plafond jauni, ou plutôt, ainsi qu'un Chinois fumeur d'opium, dans cette fumée il suivait son rêve...

Chaque spirale encadrait pour lui le chalet de la rue Mozart, et sur le seuil de ce chalet, sous les fleurs embaumées du rosier grimpant, apparaissait la tête blonde de mademoiselle de Cernay...

Une sensation inattendue interrompit brusquement ce rêve.

Le cigare, consumé jusqu'au bout, brûla les lèvres de Lionel.

Il le jeta, mais pour en allumer aussitôt un autre. — Il fumait sans cesse, et beaucoup plus encore qu'autrefois, cherchant dans l'usage et dans l'abus de la plante magique de Jean Nicot, une sorte de torpeur morale où il se plaisait.

En ce moment son regard tomba sur une colonne du journal qu'il tenait tout ouvert à la main.

Il lut machinalement quelques lignes, sans chercher à en comprendre le sens, et il ne le comprit pas plus en effet que si ces lignes eussent été écrites dans une langue inconnue.

Soudain il tressaillit, et son cœur se mit à battre très-fort.

Un nom, — celui de VALENTINE, — venait de frapper ses yeux, et il ne pouvait entendre prononcer ce nom ou le voir imprimé, sans ressentir une émotion violente.

A coup sûr, la *Valentine* dont parlait le journal n'était pas l'orpheline à laquelle il appartenait tout entier ; mais il suffisait de s'appeler comme elle pour avoir droit au plus ardent intérêt de M. de Rochegude.

Il relut le passage, avec attention cette fois, et à la quatrième ligne il tressaillit de nouveau, devint mortellement pâle et se demanda s'il était le jouet d'une étrange hallucination...

Un autre nom, un nom détesté, — celui de VOGEL, — semblait se dessiner en lettres de feu sur le papier grisâtre du journal.

Isolé, l'un de ces noms pouvait ne signifier rien; mais tous deux, presque accolés l'un à l'autre, prenaient un sens dont la netteté s'imposait.

Le comte n'eut pas un instant de doute.

— Il s'agit d'ELLE ! — murmura-t-il.

Et il remonta avec une angoisse fiévreuse jusqu'au commencement de l'article.

Ce *fait divers* avait paru au rédacteur assez important, et surtout assez curieux, pour mériter les honneurs de la première page et d'un en-tête spécial; — aussi ce titre à effet : UN DRAME DE LA VIE RÉELLE, imprimé en lettres grasses, attirait invinciblement l'attention.

Nous allons reproduire l'article, et le reproduire de façon textuelle car nous avons sous les yeux le journal de 1859 auquel nous l'empruntons, mais nous sommes impuissants à décrire ce qui se passait dans l'esprit et dans le cœur de Lionel, tandis qu'il lisait les lignes suivantes dont nous laissons la responsabilité littéraire à leur auetur anonyme :

« Tout Paris s'occupe en ce moment d'un drame de la vie réelle, si corsé, si romanesque, si plein de combinaisons surprenantes, d'incidents imprévus, qu'il laisse loin derrière lui les inventions les plus compliquées des conteurs à la mode et des dramaturges en vogue...

» Et nous affirmons cependant, sans avoir la crainte d'être démentis, que le fond et les détails sont rigoureusement vrais.

» Il y a là un sujet tout trouvé de récit en vingt volumes et de pièce en dix tableaux.

» Nous recommandons le roman à Ponson du Terrail, la pièce à d'Ennery ; nous ne leur demandons d'autres droits d'auteur qu'un exemplaire du livre et un fauteuil d'orchestre pour la première représentation, et nous prédisons au roman dix éditions, et cent représentations au drame.

» Ceci posé, entrons en matière et racontons sommairement les faits. »

. . . .

Lionel interrompit sa lecture pendant une seconde et passa son mouchoir sur ses tempes où perlaient des gouttes de sueur...

XXXVIII

M. de Rochegude reprit sa lecture.

L'article continuait ainsi :

« Une importante maison de banque, dont le siége se trouve rue Saint-Lazare, possédait un caissier d'origine allemande répondant au nom d'Hermann Vogel.

» Ce Vogel, appointé fort largement, passait pour un modèle du genre. — Sa scrupuleuse probité, son zèle infatigable, son amour du travail, la régularité de ses mœurs, la simplicité de ses goûts, l'édifiante ardeur avec laquelle il défendait les intérêts de la maison, lui conciliaient la haute estime de ses collègues et les vives sympathies de son patron, l'honorable M. Jacques Lefebvre.

» Hermann Vogel occupait rue de la Pépinière un petit logement d'un prix modeste et ne se permettait que les dépenses strictement nécessaires.

» Tandis que cet Allemand, jeune encore et fort beau garçon, s'imposait par ses qualités solides à l'admiration des honnêtes gens, un gentleman riche et titré, le baron de Précy, organisait rue de Boulogne un appartement merveilleux de luxe et d'élégance, où d'ailleurs il ne faisait que des apparitions fort irrégulières et seulement pour y donner des dîners fins et des fêtes galantes. — Le dessus du panier du Paris viveur, et les jolies pêches à quinze sous du demi-monde, s'honoraient des invitations de M. de Précy.

» A ces fêtes assistait régulièrement un vieux célibataire qui possédait une grande fortune et qui passait pour être sans parents, M. Maurice Villars.

» Tandis que le caissier se livrait à son travail et le gentleman à ses plaisirs, deux sœurs, deux orphelines, dont l'une était une toute jeune fille et l'autre une enfant encore, vivaient dans une sorte d'ermitage, à Passy, des faibles revenus d'un petit capital. — L'aînée des orphelines y joignait le produit d'un travail artistique. — Elle peignait à l'aquarelle.

» Ces sœurs, dignes d'inspirer un grand intérêt, appartenaient à une excellente famille déchue.

» Elles se nommaient Valentine et Claire de C...

» Comment Hermann Vogel découvrit-il l'hermitage de Passy et réussit-il à s'y faire admettre? — Peut-être pourrions-nous le dire, mais ce serait trop long, et l'espace nous est mesuré.

» L'Allemand fit la cour à mademoiselle Valentine, dont la beauté est incomparable. — Il parvint à lui plaire, s'il faut en croire la logique des faits, et il l'épousa...

» Jusque-là rien de plus simple; mais, chose singulière, Hermann, au lieu de se montrer orgueilleux de l'union si honorable, et en apparence si désintéressée, qu'il venait de conclure, dissimula son mariage à tout le monde et cacha littéralement sa femme dans une villa du Bas-Meudon où il ne recevait âme qui vive, et d'où la jolie madame Vogel ne sortait sous aucun prétexte.

» Ses collègues et le patron du caissier le croyaient plus célibataire que jamais, et il ne négligeait rien pour les maintenir dans cette croyance.

» Plusieurs mois s'écoulèrent.

» Un beau jour, une découverte funeste vint troubler la quiétude de M. Jacques Lefebvre.

» Ce banquier, dont le crédit est européen, apprit que nombre de traites fausses se trouvaient en circulation et que ces traites, créées en apparence par ses correspondants de province, portaient soit sa signature, soit celles de ses fondés de pouvoir.

» La situation était grave.

» Le déficit, dont à l'heure qu'il est on ne sait pas encore exactement le chiffre, pouvait être énorme.

» M. Lefebvre saisit la justice de cette grave affaire. — Une enquête fut commencée.

» Le caissier dut se rendre comme témoin chez le juge d'instruction, mais ce magistrat, — pas plus d'ailleurs que le banquier lui-même, — ne songeait à le soupçonner d'être le faussaire inconnu, ou le complice de ce faussaire...

» Sur ces entrefaites se produisit un événement qui semblait ne toucher de façon directe aucun des personnages dont nous avons parlé, et qui les intéressait tous au premier chef.

» Maurice Villars, le vieux garçon millionnaire habitué des fêtes galantes de la rue de Boulogne, passa subitement de vie à trépas dans le cabinet particulier d'un cabaret à la mode où il soupait en compagnie d'une demoiselle à chignon rouge, et l'on put dire de lui ce qu'on disait jadis de Philippe d'Orléans, régent de France : — *Il est mort dans les bras de son confesseur ordinaire!...*

» Le jour suivant, Hermann Vogel se présentait rue de Choiseul chez Me Chatelet, notaire de feu

Maurice Villars, lui déclarait son union avec mademoiselle *Valentine de C...*, propre nièce du célibataire, et, dans le cas où ce dernier se serait éteint sans tester, réclamait l'héritage au nom de sa femme et de la sœur de sa femme...

» Il s'agissait d'une somme énorme !!

» Grande fut la déception du caissier! — Me Chatelet, depuis une semaine, était dépositaire d'un testament de l'oncle défunt, et, pour connaître la teneur de cet acte, il fallait attendre...

» On devine qu'Hermann Vogel, dont le beau désintéressement n'existait qu'en apparence, ayant découvert quels liens du sang unissaient Maurice Villars aux deux jeunes sœurs, n'avait épousé Valentine que pour se ménager la chance d'un gros héritage à courte échéance.

» Le testament fut ouvert avec les formalités légales. —Il ne faisait point mention des orphelines et donnait au baron de Précy toute sa fortune.—Six millions !!...

» Me Chatelet voulut prévenir lui-même, — sans le moindre retard, — l'heureux légataire universel...

» Il se rendit à la rue de Boulogne, où le baron de Précy l'avait précédé de quelques minutes.

» On l'introduisit... — On le mit en présence du maître du logis.

» Coup de théâtre et stupeur mutuelle !!

» Le locataire aristocratique, l'ami de Maurice Villars, le prétendu baron de Précy, n'était autre qu'Hermann Vogel, caissier de Jacques Lefebvre.

» Une explication devenait indispensable. — L'Allemand fut contraint à des aveux complets. — Il menait depuis longtemps déjà la vie en partie double, employé le jour, viveur le soir, et sous son pseudonyme aristocratique tranchait du grand seigneur et de l'homme à bonnes fortunes.

» Le testament se trouvait nul, archi-nul, et Me Chatelet dit nettement au gentilhomme de fantaisie que sa conscience lui défendait de cacher à M. Jacques Lefebvre ce qu'il venait d'apprendre.

» Vogel, une heure après, vendit son riche mobilier et ne reparut plus à la maison de banque.

» Cette absence, aussi bien que les révélations du notaire, criaient bien haut la culpabilité du caissier dans l'affaire des fausses traites.

» Un examen sommaire changea les présomptions en certitudes.

» Un mandat fut lancé, d'habiles agents se mirent en campagne, guidés par le fameux JOBIN.

» En quelques heures la police eut découvert l'existence de la villa du Bas-Meudon.

» C'est là que Vogel se cachait sans doute, — c'est là qu'il fallait lui mettre la main au collet.

» En conséquence, avant-hier, entre neuf et dix heures du soir, les agents, accompagnés d'un magistrat, d'un serrurier et du banquier Jacques Lefebvre, arrivèrent au Bas-Meudon.

» Les appels réitérés de la cloche et les sommations successives n'obtenant aucune réponse, le serrurier dut forcer la grille...

» On traversa le jardin dans les ténèbres, et le serrurier se remit à l'œuvre pour ouvrir les portes de la maison.

» Tandis qu'il s'acquittait de cette besogne, des coups de feu retentirent dans l'intérieur.

» Une minute plus tard on trouvait le corps de Vogel étendu sans vie sur le parquet du salon. — Le malheureux venait de se brûler la cervelle avec un revolver, mais, avant de se tuer, il avait tracé quelques lignes proclamant son repentir et disant la cause de sa fin tragique... — Il ne se sentait pas le courage de survivre à son honneur, et sa mort rachetait sa vie...

» Au lieu de procéder à une arrestation immédiate il ne restait qu'à dresser un procès-verbal, ce qui fut fait.

» Etrange caprice de la destinée!... Cet homme ayant voulu de l'argent à tout prix et par tous les moyens, n'évitait le bagne qu'en se réfugiant dans la mort, et, maintenant que tout était dit, Valentine épousée pour sa fortune éventuelle, Valentine réintégrée dans la plénitude de ses droits par la nullité du testament de son oncle fait en faveur de cet homme, Valentine se trouvait veuve à dix-sept ans et trois fois millionnaire!

» N'est-ce pas que l'histoire est curieuse? »

Le journal s'échappa des mains du comte de Rochegude.

— Veuve! — murmura-t-il avec une expression délirante. — Elle est veuve!!...

XXXIX

Le même jour M. de Rochegude, prétextant des affaires de famille d'une extrême importance, sollicitait de son colonel une permission, l'obtenait et partait pour Paris.

Sa mère, en le voyant paraître à l'improviste, ne put retenir un mouvement de surprise joyeuse.

L'arrivée soudaine du comte justifiait la surprise; —le changement survenu dans son apparence expliquait la joie.

Lionel, en s'éloignant de Paris à l'expiration de son congé de semestre, était déjà ce que nous l'avons vu la veille de ce jour au café des officiers, un homme profondément triste, dominé par un noir chagrin, subissant l'existence, mais n'éprouvant que dégoût et lassitude ; bref, un corps sans âme, ou plutôt un corps affligé d'une âme malade qui ne voulait point guérir de son mal...

Madame de Rochegude avait conservé la désolante impression résultant pour elle de l'état moral de son fils au moment où il la quittait.

Et brusquement, à l'improviste, elle le retrouvait tel qu'autrefois, plein d'une surabondance de vie, animé, joyeux, la lèvre souriante, l'œil brillant d'espoir et de confiance.

— Mère bien-aimée, — demanda le jeune homme en rendant à la comtesse ses baisers, — m'en voulez-vous de vous surprendre ainsi ?

— Ah ! cher enfant, tu sais bien que non ! — répliqua madame de Rochegude.

— J'aurais dû vous prévenir par une dépêche de mon retour soudain... pardonnez-moi de ne point l'avoir fait...

— La pensée de te voir m'aurait rendue heureuse quelques heures plus tôt, voilà tout...

— Et vous aurait évité une émotion trop vive...

— Ceci importe peu !... Une mère attend toujours son fils, même quand elle sait qu'il ne viendra pas, et puis la joie ne fait jamais de mal !... — Il me semble que, si j'étais aux portes de la Mort, ta présence suffirait pour me guérir... — Viens-tu pour longtemps, cher Lionel ?...

— Ma permission n'est que de huit jours, mais je pourrai sans doute obtenir une prolongation.

— Prévoyais-tu ce voyage ?...

— En aucune façon... — Je me suis décidé tout à coup.

— Et, le motif de cette décision soudaine ?...

— Le désir de vous voir, mère bien-aimée...

Madame de Rochegude eut un bon sourire et reprit :

— Le désir de me voir ?... — Bien vrai ? — Pas autre chose ?...

— Peut-être y a-t-il autre chose encore... — murmura le jeune homme qui ne savait pas mentir.

— Eh bien cet « *autre chose* » ne peux-tu me l'apprendre ?...

— Non, pas en ce moment, mère chérie... et je vous demande avec instance de ne point m'interroger...

— Que ta volonté soit faite ! mais tu me diras plus tard ce que tu me caches aujourd'hui ?...

— Je vous le promets... et ce sera bientôt...

— Pourquoi serais-je inquiète, d'ailleurs ? — continua madame de Rochegude. — Je dois être heureuse, puisqu'il t'arrive quelque chose d'heureux..

— A quoi voyez-vous cela ? — demanda Lionel étonné.

— A l'expression de ton visage.... Est-ce que je me trompe ?

— Non, ma bonne mère, vous ne vous trompez pas...—Il m'arrive en effet quelque chose d'heureux...

— Ou qui du moins te semble tel... — Et Dieu veuille, cher enfant, que ce bonheur ne soit point une illusion...

La comtesse prononça ces derniers mots d'une voix presque mélancolique.

Elle venait de songer à cette jeune fille qu'elle ne connaissait pas, mais à propos de qui Lionel, blessé en duel, avait failli mourir, et qu'en conséquence elle regardait comme un mauvais génie.

Le lieutenant embrassa de nouveau sa mère, et son baiser suffit pour chasser les pensées sombres de madame de Rochegude, ainsi qu'un rayon de soleil dissipe les brouillards du matin.

* * *

L'article de journal qu'il nous a semblé utile de reproduire en entier, indiquait Chatelet comme étant administrateur de la fortune de Maurice Villars.

Or un hasard qui n'a rien d'invraisemblable permettait que Chatelet fût précisément le notaire de la famille Rochegude.

Lionel ne prit que le temps de quitter son costume de voyage et se fit conduire rue de Choiseul.

L'officier ministériel se trouvait dans son cabinet. Il n'eût garde de faire attendre un de ses plus considérables clients.

— Je croyais monsieur le comte à son régiment... — dit-il en introduisant le jeune homme.

— Je suis à Paris, cher monsieur Chatelet, comme vous voyez... — répliqua Lionel.

— Depuis plusieurs jours?...

— Depuis deux heures...— J'ai embrassé ma mère, et vous avez ma première visite...

— C'est infiniment d'honneur pour moi, monsieur le comte... Mais...

Le notaire s'interrompit.

— Mais vous comprenez mal une si grande hâte? — acheva Lionel en souriant.

— Il est certain que, tout en m'en réjouissant fort, je m'en étonne un peu et n'en devine guère le motif.

— Ne le cherchez pas, il vous serait impossible de le découvrir... — J'aime mieux vous l'apprendre tout de suite... — C'est la curiosité.

— La curiosité? — répéta Me Chatelet.

— Positivement.

— Permettez-moi, monsieur le comte, de solliciter le mot de l'énigme...

— Le voici : — Vous êtes en ce moment le lion du notariat... Les journaux sont remplis de votre nom...

Me Chatelet prit une attitude qui voulait être modeste et n'y réussissait qu'à moitié.

— A propos de l'affaire Vogel, je suppose ? — murmura-t-il.

— Précisément.

— Ainsi, vous avez lu?

— Avec le plus vif intérêt, je vous assure!...
— Les journaux vous mettent en scène comme le *Deus ex machina* du drame dénoué au Bas-Meudon.
— A les entendre, c'est grâce à vous que tout s'est découvert, et vous seul avez démasqué le misérable qui s'est rendu justice en se faisant sauter le crâne.

L'élégant notaire se rengorgeait. — Lionel continua :

— N'ont-ils point exagéré quelque peu votre rôle en cette affaire?

Le léger doute ainsi formulé piqua Me Chatelet au vif.

— Exagéré! — s'écria-t-il. — Ah! monsieur le comte, ne croyez point cela!! — Non-seulement ils n'ont aucunement exagéré mon rôle mais encore, — (et je ne songe pas à les accuser de mauvais vouloir, croyez-le bien) — ils en ont singulièrement diminué l'importance... — Je dois convenir du reste que la place leur manquait pour offrir au public de plus amples détails...

— Eh bien ! cher monsieur, — répliqua Lionel, — ce sont précisément ces détails que je brûle de connaître...— Voyez-vous quelque inconvénient à me les donner?

— Pas le moindre, monsieur le comte... — Au contraire, je serai ravi... vraiment ravi...

— C'est que, — continua l'officier, — jamais un roman, jamais un drame, œuvres d'une imagination puissante, jamais non plus un récit de la vie réelle, ne m'ont paru contenir de si nombreux éléments d'intérêt ! ! — Êtes-vous de mon avis, cher maître ?

— Certes, j'en suis ! cent fois plutôt qu'une ! !... et ce qui vous intéresse vivement déjà, monsieur le comte, vous intéresserait bien davantage encore si vous connaissiez l'héroïne de ce qu'on peut véritablement appeler un drame ou un roman de la vie réelle... Dans tous les cas c'est un drame du mariage dans toute la force du terme...

Lionel malgré lui changea de visage, et ce fut d'une voix altérée par une profonde émotion qu'il balbutia :

— Vous parlez sans doute de la jeune femme ?...

— Je parle de mademoiselle Valentine de Cernay,

nièce et héritière de Maurice Villars et veuve du caissier suicidé, Hermann Vogel...

— Si je la connaissais, dites-vous, l'intérêt du récit serait centuplé... — reprit le lieutenant. — Cette personne est donc particulièrement intéressante?...

Me Chatelet prit la physionomie béate d'un gourmet savourant un met exquis.

Il leva les yeux vers le plafond de son cabinet, arrondit ses mains jointes, et s'écria avec une exaltation sincère :

— C'est un ange, monsieur le comte !... absolument un ange... — Ah ! l'adorable enfant! l'admirable créature!! — Il n'existe rien de pareil au monde!! — Si je n'étais marié et père de famille, et, si la jeune femme y consentait, à l'expiration des délais fixés par la loi elle cesserait d'être veuve, je vous en réponds, pour devenir madame Chatelet.

Lionel éprouva la plus folle envie de se jeter au cou du notaire et de l'embrasser, mais il se contenta de lui serrer la main avec une effusion dont le digne officier ministériel ne comprit point la cause...

XL

Me Chatelet raconta par le menu tout ce que nos lecteurs connaissent déjà.

Lionel, qui ne se lassait point de l'entendre, éprouva surtout un indicible enthousiasme quand le notaire lui redit presque mot pour mot son entretien avec la jeune veuve, dont il exaltait en termes émus le désintéressement admirable et la touchante simplicité.

M. de Rochegude avait les yeux mouillés.

— Quel cœur et quelle âme! — pensait-il. — Ah! je le savais bien, Valentine est un ange! — Ce Vogel l'avait certainement attirée dans un piége!... — Il est impossible que, livrée à elle-même, une créature si parfaite se soit détournée de moi pour aller à un pareil drôle!!... — Quel était ce piége?... Je le saurai...

— Les sceptiques parleraient du hasard! — conclut Me Chatelet en achevant son récit; — moi qui ne suis point de leur école, et qui m'en vante, je vois clairement en tout ceci l'intervention d'un pouvoir supérieur qu'il me plaît de nommer la Providence!... — Je ne sais rien au monde de plus ingénieux que le châtiment de Vogel, et que la nature particulière de ce châtiment... — Ce malheureux, devenu criminel par cupidité, voulant être riche à tout prix, et contraint de se brûler la cervelle à la minute précise où des millions lui tombent dans la main!! — Voilà la vraie morale!! — Quel exemple et quelle leçon pour les caissiers de l'avenir!! — Puissent-ils en profiter!! — S'ils négligent de le faire, ils seront bien coupables!! — Ne le pensez-vous pas comme moi, monsieur le comte?...

Lionel répondit affirmativement, mais d'une façon un peu distraite, les caissiers de l'avenir n'étant point du tout en ce moment le sujet de ses préoccupations.

Il reprit au bout d'une seconde :

— Je partage, cher maître, votre profonde sympathie pour cette jeune femme... — Elle est incomparable de courage et de résignation dans son malheur...

— Son malheur, — répliqua le notaire, — il est fini, grâce au ciel, puisque la voilà veuve et très-riche... — On peut modifier à son sujet le vieux proverbe, et dire qu'*elle aura mangé son pain noir le premier*... — Le pain blanc va venir, et même la brioche...

— A-t-elle pris un parti déjà?

— Relativement à quoi?

— A son genre de vie... à sa future résidence...

— Comment l'aurait-elle fait si vite?...

— Quoi! — s'écria Lionel. — Elle ne quitte point le Bas-Meudon??

Me Chatelet secoua la tête.

— Elle ne pouvait rester, — dit-il, — dans cette maison sinistre où le sang de son mari souille encore les parquets. — Je ne l'aurais pas souffert... — Un de mes clients, parti pour un voyage de longue durée, possède rue de Babylone, au milieu de vastes jardins, un petit hôtel qu'il m'a chargé de louer tout meublé pendant son absence, si je trouvais un locataire sûr et tranquille... — J'ai installé là, il y a deux jours, la jeune veuve, en lui donnant des domestiques de confiance et en lui ouvrant sur ma caisse un crédit illimité, car non-seulement son scélérat de mari la laissait sans un sou, mais il avait eu l'infamie de lui arracher sa signature et de vendre tout dernièrement, afin d'en vaporiser le capital, une petite rente provenant de l'héritage maternel... — Ma parole d'honneur, la gredinerie de certaines gens dépasse toute croyance! — Voler à sa propre femme son dernier morceau de pain me paraît le nec plus ultra de la turpitude...

— Le misérable!! — murmura M. de Rochegude avec un indicible accent de haine et de mépris.

— Du reste, — continua le notaire, — l'incomparable veuve, sans décliner positivement mes offres de service, n'a consenti à accepter qu'une avance insignifiante, et quand elle touchera les millions de feu Villars, ce qui ne tardera guère, elle sera je crois fort embarrassée d'une si grosse fortune, n'ayant, m'a-t-elle dit, ni besoins, ni désirs...

— Cher monsieur, — fit Lionel non sans une hésitation manifeste, — tout ce que je viens d'entendre a centuplé mon intérêt et ma curiosité...

— J'ai fait ce qui dépendait de moi pour les satisfaire... — répliqua Me Chatelet.

— Sans doute, mais vous pouvez mieux encore et je deviens insatiable... — Me permettez-vous de vous adresser une requête?...

— Certes, et j'y ferai droit avec empressement si la chose est en mon pouvoir!... — De quoi s'agit-il?...

— La jeune veuve est devenue votre cliente?...

— Naturellement, puisque le parent dont elle hérite était mon client.

— Vous irez souvent la visiter rue de Babylone, et traiter avec elle les affaires de la succession?...

— Sans doute...

— Eh bien! procurez-moi le moyen de la voir... ne fût-ce qu'une fois... ne fût-ce qu'une minute...

— Et, comment?...

— En m'emmenant avec vous et en me présentant...

Me Chatelet fit un mouvement brusque.

— Je suis désolé, monsieur le comte, — répliqua-t-il, — désolé... désolé... Mais ce que vous me faites l'honneur de me demander n'est pas possible...

— Pourquoi?

— Songez donc que les plus simples convenances défendent à madame Vogel de recevoir qui que ce soit pendant les premiers temps de son deuil!. — Et d'ailleurs sous quel prétexte me permettrais-je de lui présenter le brillant comte de Rochegude, qui doit rester toujours un étranger pour elle et dont un abîme la sépare?... — Vous comprenez cela, n'est-il pas vrai, monsieur le comte?

Lionel fit un signe affirmatif.

Me Chatelet poussa un soupir d'allégement.

Pendant une ou deux secondes il avait eu grand peur de blesser le jeune homme par son refus, si bien motivé que lui semblât ce refus.

Après un instant de silence, le lieutenant prit les deux mains de son interlocuteur étonné.

— Cher monsieur, — lui dit-il avec émotion, — vous êtes non-seulement le notaire, mais encore l'ami de ma famille...

— L'ami et le serviteur dévoué, oui monsieur le comte... de père en fils...

— Un notaire est un confesseur, n'est-ce pas, qui doit tout entendre et tout taire ? On peut lui confier non-seulement sa fortune, mais ses plus intimes pensées ?... — murmura Lionel.

— Oui, — répliqua Me Chatelet, — et cela arrive tous les jours. — Nous sommes les dépositaires des secrets de bien des familles... — Le devoir professionnel et notre conscience nous astreignent, comme le prêtre, au silence absolu... — Si l'un de nous trahissait la confiance d'un seul de ses clients, il serait aussi infâme que s'il dilapidait un dépôt remis en ses mains... — Avez-vous à me faire une confidence qui doive mourir entre nous? — Je suis prêt à vous entendre... — Parlez, monsieur le comte... parlez sans crainte...

— Je veux et je dois vous ouvrir mon cœur,

— poursuivit M. de Rochegude, — car j'ai besoin que vous me veniez en aide, et vous refuseriez de le faire si vous ne saviez d'abord la vérité toute entière... — En affirmant que la curiosité m'amenait chez vous, je n'ai point menti, mais je n'ai pas tout dit... — Il y a autre chose encore...

— Quoi donc?

— Vingt fois depuis le début de cette entrevue j'ai cru que mon trouble et le tremblement de ma voix allaient vous révéler ce qui se passait en moi...

Me Chatelet, dont la spécialité n'était point de deviner les énigmes, regardait avec étonnement M. de Rochegude.

Ce dernier continua :

— Je connais mademoiselle Valentine de Cernay... Je la connais depuis longtemps... Comment ne l'avez-vous pas deviné?

— Vous connaissez madame Vogel!! — s'écria le notaire stupéfait.

— Je la connais, et je l'adore...

— Vous l'adorez, monsieur le comte!! — répéta Me Chatelet. — Eh bien, je comprends cela, car elle est adorable, mais je suppose que vous ne lui avez jamais dit?...

— Je le lui ai dit, au contraire...

— Depuis son mariage!

— Avant son mariage...

— Vous ne vous proposiez pas de la séduire, j'espère!

— Je me proposais de l'épouser...

— Sérieusement?

— Oui, sur mon honneur !...

— Mais madame votre mère ignorait ce projet d'union qui, dans le sphère où vous vivez, constituait bel et bien une mésalliance?

— Ma mère savait tout...

— Et, elle approuvait?...

— Elle ne résistait pas... — Elle poussait même la bonté jusqu'à consentir à faire une démarche personnelle auprès de mademoiselle de Cernay...

— Cette démarche n'a pas eu lieu?

— Non, et voici pourquoi : — Mademoiselle de Cernay, qui paraissait d'abord accepter avec joie le splendide avenir que j'ouvrais devant elle, a tout à coup et brusquement décliné l'offre de mon nom...

— La cause de ce refus?...

— Je l'ignore...

— Et c'est alors que cette jeune fille est devenue madame Vogel?

— Oui, tandis que blessé en duel, et très-gravement, par Hermann Vogel, j'étais entre la vie et la mort sur mon lit de douleur...

XLI

L'élégant notaire éleva les deux mains vers le plafond de son cabinet, et ce geste très-pathétique exprimait un étonnement sans bornes.

— Vous vous êtes battu avec le caissier de Jacques Lefebvre, vous, monsieur le comte! — s'écria-t-il.

— Au pistolet, parfaitement bien, — répondit Lionel, — et si la balle m'avait atteint un millimètre plus bas, j'étais tué raide...

— Mais à quel propos ce duel, grand Dieu?...

— A propos de mademoiselle Valentine...

— Hermann Vogel savait donc que vous étiez son rival?

— Il le savait.

— Comment?...

— Mademoiselle de Cernay lui avait tout dit. — Il venait à moi chargé par elle d'une lettre de rupture dont sa visite était l'insolent commentaire... — Mais laissez-moi vous mettre au fait de ce qui s'est passé... — Vous jugerez ensuite la situation avec un calme que je ne puis avoir, et peut-être vous sera-t-il possible d'apporter la lumière dans les ténèbres qui m'environnent...

Lionel, à son tour, raconta, et nous nous garderons de reproduire ce long récit qui n'apprendrait rien de nouveau à nos lecteurs.

— Eh bien! — fit-il en terminant, — que concluez-vous de tout cela?

Le notaire répondit, après avoir réfléchi pendant une minute :

— Ou je me trompe fort, ou ce mariage qui devait finir par un crime a débuté par une infamie...

— Vous croyez, n'est-ce pas, que mademoiselle de Cernay est tombée dans un piége habilement tendu? — demanda vivement Lionel.

— A mon point de vue cela ne fait pas l'ombre d'un doute!! — Le caissier avait découvert qu'un jour ou l'autre un gros héritage pourrait échoir à la jeune fille; en conséquence il voulait épouser, non par tendresse pour l'orpheline, mais par amour pour l'héritage... — Votre intervention inattendue dérangeait tout... — Vous étiez un rival bien dangereux... —La lutte contre vous, en la supposant loyale, devait aboutir fatalement à la défaite... — Le caissier, pour égaliser les chances, a fait appel à quelque ruse abominable que je ne devine pas encore, mais que nous découvrirons... — Cette lettre inattendue, cette lettre que rien ne motivait et que rien n'explique, m'est au plus haut point suspecte... — Depuis le jour où Vogel est venu chez vous, et où vous l'avez provoqué, vous êtes-vous trouvé en face de mademoiselle de Cernay?

— Jamais...

— Donc, aucune explication avec elle!... — Connaissiez-vous son écriture?

— Non, je ne la connaissais pas...

— A merveille, et d'ailleurs, si vous l'aviez connue, cela ne prouverait absolument rien. — N'oubliez pas que le caissier était un faussaire émérite, ou le complice d'un faussaire, ce qui revient au même.

— Quelle conclusion tirez-vous de cela? — fit le comte.

— Tout simplement celle-ci : — Mademoiselle de Cernay ne vous a point écrit...

— Ah! vous avez raison, je le sens, — s'écria Lionel, — et vous dissipez mon aveuglement!! —

J'étais insensé!!... J'accusais Valentine de mensonge et de trahison, tandis qu'elle seule au contraire était en droit de me juger oublieux et menteur!... — C'est ma faute! c'est ma très-grande faute!! Je devais refuser de croire au témoignage de mes sens!!... — Oh! lettre maudite!!

— L'avez-vous conservée, cette lettre? — demanda le notaire.

— Oui, certes! Dans ma folie je la portais sur moi comme une relique douloureuse, et je la relisais sans cesse pour aviver encore ma cuisante blessure...

— Donnez-la moi, je vous prie, monsieur le comte...

— Que voulez-vous en faire?

— Je veux la montrer à celle dont elle porte la signature, et m'assurer si mon doute est fondé...

— Vous montrerez cette lettre à Valentine?... — balbutia Lionel. — Vous lui parlerez donc de moi?...

— Pourquoi non?... — Vous êtes toujours épris, n'est-ce pas?...

— Toujours, et pour toujours!!...

— Et, aujourd'hui, comme il y a un an, vous songez au mariage?...

— Epouser Valentine est l'unique chose de ce monde que je souhaite avec ardeur...

— Eh bien! je plaiderai votre cause!... — A l'époque où nous vivons, une veuve de dix-sept ans, jolie comme les amours, bonne comme les anges, et joignant à cela trois millions, est un parti sérieux à tous les points de vue!! — Le chiffre de la dot rend la mésalliance acceptable, même pour un comte de Rochegude...

Lionel fronça le sourcil; une expression d'orgueil blessé se peignit sur son visage.

— Que m'importent ces millions? — s'écria-t-il, — Je suis riche, vous le savez bien... Je suis trop riche...

— On ne l'est jamais trop! — murmura philosophiquement Me Chatelet.

— En me voyant donner mon nom à Valentine, — poursuivit M. de Rochegude, — osera-t-on croire que je songe à l'argent et que j'épouse pour la dot?

— On osera le croire, et même on osera le dire, gardez-vous d'en douter!! — répliqua le notaire.

— Ce sera une calomnie odieuse!!

— Vous m'en voyez tout à fait convaincu, mais que vous font de vaines rumeurs qui n'arriveront pas jusqu'à vous?... — Ceux qui vous taxeront bien haut de pensées cupides, souhaiteraient fort être à votre place... — S'ils semblent vous blâmer, ce sera par envie.— Laissez dire, soyez heureux, et s'il vous plaît, monsieur le comte, remettez-moi la lettre en question...

— La voici... — répondit Lionel en ouvrant son portefeuille et en en tirant l'épître apocryphe, produit de la collaboration de maître Roch, de Fumel, d'Hermann et de Charles Laurent.

Il la tendit au notaire, et continua d'un ton insinuant :

— Mais, cher monsieur, puisque vous voulez bien parler pour moi et plaider ma cause, pourquoi ne consentez-vous pas à me conduire rue de Babylone, ce qui simplifierait toutes choses?...

— Ce qui les simplifierait même un peu trop... — répondit le notaire en souriant. — La gravité de mes fonctions officielles me permet bien de servir d'intermédiaire à une loyale explication, ayant pour but le mariage, et pouvant donner lieu à un contrat de toute beauté; mais elle m'interdit d'opérer le rapprochement d'une jeune femme veuve depuis moins de huit jours, placée en outre sous ma tutelle officieuse, et d'un bouillant amoureux comme vous!! — Oh! je sais à merveille que rien ne serait à craindre, pas plus d'un côté que l'autre, mais les convenances avant tout, et, comme disait Brid'oison : — « *la Fo-or-me... la fo-or-me!...* »

Me Chatelet avait absolument raison.

Lionel le comprit et n'insista point.

Il venait d'ailleurs de faire un pas immense en avant.

Un trait d'union sur lequel il pouvait absolument compter existait désormais entre lui et Valentine ; — il allait connaître enfin les causes mystérieuses de cette rupture qui depuis si longtemps restait pour lui une énigme insoluble.

— Cher monsieur, —demanda-t-il, — quand irez-vous là bas?...

— Vous êtes très-pressé? — fit le notaire avec un nouveau sourire.

— Je suis sur des charbons ardents.

— Que Dieu me garde de vous y laisser! — Je comptais visiter de main l'adorable madame Vogel.....

— Demain, c'est bien loin... — interrompit M. de Rochegude.

— Aussi, — continua Me Chatelet, — la verrai-je dès aujourd'hui.

— Tout de suite, n'est-ce pas?...

— Pourquoi non?... — Le temps de faire atteler...

— Inutile! Ne dérangez pas vos chevaux... — J'ai ma voiture à la porte... — Je vais vous conduire rue du Bac, à l'angle de la rue de Babylone...

— Et vous m'attendrez là?

— Naturellement...

— Ce qui fait, — reprit le notaire avec un troisième sourire, — que vous saurez plus vite à quoi vous en tenir sur le résultat de ma mission diplomatique...

— C'est très-bien calculé !... Monsieur le comte, je suis à vos ordres.

Une demi-heure plus tard le coupé de Lionel faisait halte à l'endroit désigné.

Me Chatelet quittait le jeune homme en l'invitant à la patience, s'engageait dans la rue de Babylone, longeait une muraille couronnée par les branchages vigoureux de tilleuls plus que centenaires, et sonnait à une porte cochère à panneaux pleins qui trouait la muraille à son point central.

Cette porte fut ouverte aussitôt.

Le notaire en franchit le seuil.

XLII

L'hôtel mis à la disposition de Valentine par Me Chatelet se trouvait à l'extrémité d'un de ces vastes jardins qui deviennent de plus en plus rares à Paris, où le prix toujours croissant des terrains rend impossibles les grands espaces improductifs.

C'était une élégante construction du style Louis XVI le plus pur.

On accédait au vestibule par un perron de six marches, à rampes sculptées et ornées de pots à feu en pierre polie.

La porte vitrée de ce vestibule fut ouverte par un vieux valet de chambre que le notaire connaissait de longue date et qu'il avait attaché provisoirement au service de la jeune veuve.

Ce domestique, une cuisinière de confiance et Mariette, la petite bonne du Bas-Meudon, composaient l'état de maison de Valentine.

— Bonjour, Edouard... — dit le visiteur en entrant... — Demandez, je vous prie, à madame Vogel si elle veut bien me recevoir...

— Madame est au salon, en compagnie de sa jeune sœur... — répliqua le valet de chambre. — Elle m'a donné la consigne, une fois pour toutes, de ne jamais faire attendre monsieur le notaire et de l'introduire sur-le-champ quand il viendrait...

— C'est à merveille... — Introduisez-moi donc.

Edouard annonça le nouveau venu et Me Chatelet fit son entrée.

Valentine, assise dans l'embrasure d'une fenêtre, faisait à haute voix une lecture à Claire qui, debout à côté d'elle, l'écoutait avec une attention prodigieuse.

La jeune femme ferma son livre, quitta son siége, vint à la rencontre du visiteur et lui tendit la main en accompagnant d'un sourire mélancolique ce geste amical.

La blonde enfant, blanche comme un lis et pâle comme une morte dans sa longue robe de crêpe noir, était d'une surprenante beauté.

Sa pâleur marmoréenne, un léger sillon d'azur

estompant le contour des paupières, la tristesse vague du regard, une sorte de fatigue empreinte sur les traits, ajoutaient encore à la distinction habituelle de son adorable visage.

— Soyez le bienvenu, monsieur... — dit-elle. — Venez-vous me parler d'affaires, ou dois-je attribuer votre visite à ce bienveillant intérêt dont vous m'avez donné déjà tant de preuves?...

— Les motifs de ma visite d'aujourd'hui sont de plus d'une nature... — répliqua Me Chatelet en prenant le fauteuil que lui désignait Valentine.

— Vous ne m'apportez point de mauvaises nouvelles?...

— Je refuserais de m'en charger... — Je ne vois pas, d'ailleurs, ce qui pourrait maintenant vous arriver de fâcheux... — Rien ne menace votre repos... — Aucun collatéral n'est en droit de vous disputer l'héritage de feu votre oncle... — On a la certitude matérielle qu'il n'existe aucun acte testamentaire postérieur au testament nul... — L'envoi en possession sera très-prochain...

— Ceci ne me semble important qu'à un point de vue, — vous savez lequel... — reprit la jeune femme. — Vous êtes-vous entendu avec M. Jacques Lefebvre?...

— Oui, madame... — Je l'ai prévenu, d'après vos

désirs exprimés formellement, que vous preniez à votre charge le remboursement de toutes les traites revêtues de signatures qu'elles ne devraient pas porter et provenant d'une source regrettable... — Le chiffre de ces traites ne pouvant être fixé jusqu'ici que d'une façon approximative, M. Lefebvre avancera lui-même les sommes nécessaires, et vous le couvrirez de ses déboursés, j'en ai pris l'engagement en votre nom... — Il m'a prié d'être son interprète auprès de vous, et de vous témoigner l'admiration sans bornes qu'il éprouve pour votre conduite...

— Eh! monsieur, il n'y a rien à admirer, je vous assure... — murmura Valentine. — Je ne fais que mon devoir...

— Soit, madame, mais l'accomplissement volontaire et spontané d'un devoir de cette sorte, accomplissement auquel on ne saurait vous contraindre et qui va vous coûter quelques centaines de mille francs, s'impose et s'imposera toujours à l'admiration et au respect, permettez-moi de vous le dire!

— Et, — continua madame Vogel — nulle poursuite n'aura lieu?...

— Non, madame... — L'action criminelle est éteinte par la mort contre le principal coupable... — Le remboursement opéré par vous empêchera de rechercher ses complices... — Les traites fausses seront comme si elles n'avaient pas existé... — On vous les remettra et vous les brûlerez de votre main...

— C'est bien... — Et maintenant, monsieur, nous avons parlé d'affaires... — Que vous reste-t-il à m'apprendre?...

— Il me reste à traiter un sujet difficile...

— Difficile? — répéta la jeune veuve.

— Oui.

— Pour quelle raison?...

— Parce qu'au mépris apparent de toutes les convenances, il me faudra m'immiscer dans votre vie de jeune fille, dans vos plus intimes pensées, ce qu'assurément je n'oserais faire si l'intérêt respectueux que je ressens pour vous, et auquel vous voulez bien rendre justice, ne m'en donnait presque le droit...

Valentine attacha sur Me Chatelet son beau regard à la fois lumineux et candide, et lui dit :

— Je ne vous comprends pas du tout, monsieur, je vous assure!! — Expliquez-vous, je vous en prie...

— Je vais le faire de mon mieux... — Vous me permettez d'aller droit au but?

— Oui, certes!

— Eh, bien ! madame, on m'a parlé de vous aujourd'hui, très-longuement...

— Vous m'étonnez beaucoup !...—J'ai passé ma vie entière dans une retraite absolue... — Je ne connais personne... Donc personne ne peut me connaître...

— Rappelez vos souvenirs... — Il s'agit de quelqu'un dont l'affection pour vous est profonde...

Valentine secoua la tête.

— Vous vous trompez, monsieur... — fit-elle au bout d'une minute. — Je ne suis ni ingrate, ni oublieuse... si véritablement quelqu'un avait éprouvé de l'affection pour moi, je m'en souviendrais, j'en serais reconnaissante... — Or, ma mémoire est muette... il y a donc là soit une erreur, soit un malentendu... — On vous a parlé d'une autre femme en croyant vous parler de moi...

— Il n'y a point d'erreur, madame !... Il s'agit de mademoiselle Valentine de Cernay qui vivait avec sa sœur à Passy, dans l'enclos de la rue Mozart... — C'était bien vous, n'est-ce pas ?...

— C'était bien moi... — Mais qui donc ?...

— Avez-vous oublié Lionel de Rochegude ? — demanda brusquement le notaire.

La jeune femme ressentit dans tout son être une commotion violente. — Un frisson courut son épiderme. — Ses dents s'entre-choquèrent.

Sa pâleur semblait ne pouvoir augmenter... — Elle augmenta pourtant.

Son visage devint livide et prit les tons verts de l'ivoire. — Le cercle tracé sous ses paupières s'élargit.

— Ah! monsieur, — s'écria-t-elle d'une voix tremblante, brisée par l'émotion, — vous qui êtes un galant homme, ne prononcez pas ce nom!... — Ne le répétez pas!!

— Pourquoi?

— C'est celui d'un fourbe et d'un lâche.

— Un fourbe!... Un lâche!! — balbutia Me Chatelet avec stupeur. — Lui!! le comte de Rochegude!!

— Oui! cent fois oui!...

— Qu'a-t-il donc fait?

Valentine s'était levée.

Une métamorphose complète et soudaine se produisait dans sa personne et dans son attitude...

Les flots de sang chassés de son cœur à ses joues empourpraient son visage, livide une seconde auparavant.

Un accès de fiévreuse indignation mettait des éclairs dans ses yeux.

— Ce qu'il a fait? — s'écria-t-elle d'une voix qui ne tremblait plus. — Il est mon ennemi mortel, implacable!... il est mon mauvais génie!! la cause de mes malheurs!... et c'est à lui seul que je dois toutes les larmes que j'ai versées!!

— Comment cela? — balbutia le notaire. — Mon Dieu... comment cela?...

— Vous voulez le savoir? — continua Valentine impétueusement. — Ecoutez donc et vous jugerez ensuite!! — M. de Rochegude, après m'avoir d'abord insultée sans me connaître, semblait désespéré et repentant de sa faute... — Il avait trouvé moyen de franchir une fois le seuil de ma demeure!! — Il disait m'aimer!! — Il me parlait de mariage!! Il m'annonçait la visite de sa mère, qui m'ouvrirait ses bras et m'appellerait sa fille!! — J'étais folle, sans doute, car j'avais foi en lui... Je le croyais, j'allais l'aimer... Je l'aimais presque déjà!! — Il a payé ma confiance et mon naissant amour par la plus lâche des infamies!! — Il a tenté de me faire arracher de ma maison, la nuit, par des misérables à sa solde! Ils m'ont attachée, ils m'ont bâillonnée, ils m'emportaient, quand le caissier Vogel, qui veillait sur moi sans cesse, m'a tirée de leurs mains au péril de sa vie! — Voilà pourquoi j'ai consenti à devenir la femme du caissier Vogel... — Le comte de Rochegude m'a jetée dans les bras de l'homme dont je suis la veuve!!... — Me demanderez-vous encore ce qu'il a fait?...

XLIII

Me Chatelet ne répondit pas tout de suite.

Il sentait gronder l'orage sous le front blanc de Valentine; — il voyait les éclairs de l'indignation jaillir de ses yeux bleus, et dans sa prudence de notaire il voulait laisser au sang-froid le temps de revenir.

Enfin, au bout d'une ou deux minutes, la jeune veuve lui parut un peu calmée et il reprit la parole.

— Non, madame, — dit-il, — je ne vous demanderai plus ce que le comte de Rochegude a fait, car à coup sûr, vous ne le savez pas, et, loin de vous interroger encore, c'est moi qui vais vous instruire...

Me Chatelet prononça ces paroles avec une si grande assurance que Valentine, instinctivement, frissonna.

Elle avait vu son mari à l'œuvre et ne gardait aucune illusion sur le compte du misérable dont elle s'efforçait, par un sublime dévouement, de sauvegarder l'honneur posthume.

Il allait être question de lui, elle le pressentait; — la révélation de quelque nouvelle infamie était au moment de se produire.

Elle attacha sur son interlocuteur un regard où se lisait une angoisse indicible, et murmura :

— Parlez, monsieur!... — La justification de M. de Rochegude me semble impossible, mais je suis prête à vous entendre, et, si mauvaise que soit la cause dont vous vous constituez l'avocat, je ne doute pas, je ne douterai jamais de votre sincérité... Vous êtes convaincu, j'en suis certaine, seulement vous pouvez être dupe d'une illusion ou d'un mensonge...

— Non, madame... — reprit le notaire, — pas plus d'un mensonge que d'une illusion! — Ce ne sont ni des raisonnements ni des preuves morales que je vais mettre sous vos yeux, ce sont des faits matériels... — On ne discute point l'évidence... Si l'un de nous est abusé, c'est vous et non pas moi... Vous en aurez bientôt la preuve...

— J'attends, — fit Valentine d'une voix faible comme un souffle.

— Vous formulez contre le comte Lionel des accusations bien graves... — poursuivit Me Chatelet. — Vous lui reprochez d'avoir abusé de votre bonne foi en vous parlant de mariage, en affirmant que sa mère était prête à venir au chalet de Passy, à vous nommer sa fille... — Comment aurait-il tenu sa parole, comment la comtesse aurait-elle fait la visite annoncée, puisque brutalement, irrévocablement, sans motif appréciable, vous fermiez votre porte au fils et à la mère, vous déclarant bien résolue à ne recevoir ni l'un, ni l'autre?...

— J'ai dit cela? — s'écria la jeune femme stupéfaite, — Moi?... Moi?... J'ai dit cela?

— Vous avez fait mieux que le dire, vous l'avez écrit au comte Lionel...

— Moi? — répéta pour la troisième fois Valentine affolée. — Mais c'est faux cela, monsieur!! — Non, je n'ai pas écrit au comte de Rochegude, et s'il affirme avoir reçu de moi une lettre, un billet, ne fût-ce qu'une ligne, ne fût-ce qu'un mot, il ment! Vous entendez! monsieur, il ment !

— Voici la lettre... — répliqua Me Chatelet en ouvrant son portefeuille et en tendant à la jeune femme l'épître rédigée dans l'officine de la rue Montmartre, et calligraphiée par le pseudo-Lorbac.

Valentine la saisit d'une main frémissante, y jeta les yeux et reprit impétueusement :

— Eh! monsieur, que prétendiez-vous donc?... Je ne connais pas cette lettre...

— Elle est signée de vous cependant...

— C'est-à-dire elle est signée de mon nom, mais le faussaire dont vous me montrez l'œuvre n'a pas même essayé d'imiter mon écriture...

— Lisez, je vous prie, madame...

— A quoi bon ?...

— Lisez... c'est indispensable, et j'ajouterai : Lisez tout haut...

— Soit... vous le voulez, monsieur, j'y consens...

Et la jeune veuve lut en effet à haute voix les lignes suivantes, qu'il nous semble nécessaire de reproduire :

« Monsieur le comte,

» J'ai hâte de répondre à votre lettre, étant trop
» franche pour ne pas détruire des espérances que
» mon silence paraîtrait encourager.

» L'entretien auquel vous faites allusion n'a été
» de part et d'autre qu'un long malentendu ; car, je
» dois vous l'avouer, connaissant mon peu de mérite,
» je me gardais de prendre vos paroles au sérieux et
» je n'y voulais voir que ces banales galanteries

» dont les hommes, paraît-il, sont prodigues avec » toutes les femmes.

» Je suis vivement affligée que ce malentendu ait » été pour madame votre mère la cause d'un inutile » chagrin... — Dites à la comtesse de Rochegude, je » vous en prie, de se rassurer bien vite... — Je ne » serai pas un obstacle à la réalisation de ses projets » caressés longuement... — La douloureuse né- » cessité de m'appeler sa fille ne lui sera point im- » posée...

» Vous vous trompez vous-même, monsieur le » comte, j'en suis convaincue, sur la nature du sen- » timent que je vous inspire... — Vous avez pris pour » de l'amour une sympathie dont, en toute autre cir- » constance je m'enorgueillirais, mais qu'en ce mo- » ment je n'accepte pas, ne pouvant la payer de » retour... — D'ailleurs je ne m'appartiens plus... — » Je suis depuis une heure la fiancée du *personnage* » *ambigu*, — (ce sont vos expressions), — à qui vous » me donniez le conseil de fermer ma porte...

» M. Vogel est le plus loyal des hommes... — Il lui » a suffi d'un mot pour réduire à néant vos injustes » accusations... — Je l'estime; dans quelques jours » je serai sa femme, et c'est lui que je charge de vous » faire parvenir ce billet, car il sait tout... — J'ai » rempli mon devoir d'honnête fille en lui communi-

» quant votre lettre, et en lui racontant notre en-
» trevue.

» Je n'ai pas besoin d'ajouter qu'il serait inutile de
» m'écrire ou de chercher à obtenir de moi un nouvel
» entretien. — Je ne recevrais point les lettres et ma
» maison resterait close.

» Croyez, monsieur le comte, que mon plus vif
» désir est de vous voir oublier la personne et même
» le nom

» De votre très-humble servante,

» VALENTINE DE CERNAY. »

A mesure que la jeune femme avançait dans sa lecture, une grandissante émotion faisait trembler sa voix, qui bientôt ne fut plus qu'un murmure à peine dictinct.

Quand elle eut achevé, la lettre s'échappa de ses mains et tomba sur le tapis.

Me Chatelet se baissa pour la ramasser et demanda :

— Eh, bien ! madame, comprenez-vous ?

— Oui, — balbutia Valentine ; — M. de Rochegude, trompé par un faussaire, a dû croire en effet que ma porte, à l'avenir, serait fermée pour lui...

— Avec une telle conviction, et en face d'une défense formelle, devait-il et pouvait-il se présenter de nouveau chez vous ?

— Non, j'en conviens...

— Alors, — s'écria le notaire triomphant, — vous reconnaissez l'injustice absolue de vos accusations?...

— Non, monsieur...

— Comment, non! — répéta Me Chatelet avec un haut-le-corps. — C'est à mon tour de ne pas comprendre!!

— Cette lettre, — répondit Valentine, — même en la supposant émanée de moi, n'explique point et ne justifie pas la tentative infâme ordonnée par M. de Rochegude...

Au grand étonnement de Valentine, le notaire se frotta les mains.

— Très-bien! — répliqua-t-il ensuite. — Je ne pensais plus à cela!! — Nous disons donc que le comte Lionel a voulu vous faire enlever la nuit, à l'aide de violence et d'escalade, par une bande de gredins à sa solde...

— Oui, monsieur, et s'il a échoué, je vous le répète, c'est uniquement grâce à l'intervention inattendue et courageuse de M. Vogel...

— De mieux en mieux! — reprit Me Chatelet en dépliant de nouveau la lettre. — Permettez-moi, madame, d'appeler votre attention sur la phrase suivante de cette curieuse épître signée de votre nom : « *M. Vogel est le plus loyal des hommes.— Il lui a suffi d'un mot pour réduire à néant vos injustes accusations... — Je l'estime... — Dans quelques jours je serai sa femme,* ET C'EST LUI QUE JE CHARGE DE VOUS FAIRE PARVENIR CE BILLET, *car il sait tout.* »

— Eh bien ! monsieur?

— Eh bien ! madame, sachez donc qu'Hermann Vogel porta lui-même à son adresse la lettre rédigée sur commande par un de ses complices, et la remit en personne au comte Lionel. — Sachez que ce dernier, jugeant le procédé de mauvais goût et l'outrecuidance un peu forte, exprima carrément sa manière de voir à cet égard et provoqua son visiteur...

— Ah ! mon Dieu ! — balbutia Valentine en frissonnant :

— Le duel eut lieu le lendemain, au pistolet... — poursuivit le notaire. — M. de Rochegude fut blessé d'une façon si grave que pendant bien des jours on désespéra de le sauver, et, à l'heure même où s'accomplissait dans l'enclos de la rue Mozart la tentative d'enlèvement dont on vous a persuadé qu'il était l'instigateur, il délirait sur son lit de souffrance en luttant contre la mort...

» Le lendemain, glacée d'effroi par le péril imaginaire que vous aviez couru, et croyant fermement au retour possible d'un péril du même genre, vous consentiez à devenir la femme de votre prétendu sauveur, — lequel, je dois vous l'avouer, connaissait de longue date vos droits à l'héritage de mon client Maurice Villars et faisait, en vous épousant, une spéculation odieuse...

» Quand au bout de quelques semaines Lionel de Rochegude enfin guéri, mais bien faible encore et vous adorant malgré tout et plus que jamais, accourut à Passy pour vous retrouver, vous étiez madame Vogel et vous aviez disparu...

XLIV

Valentine écoutait depuis un instant avec une morne stupeur.

— Et maintenant doutez-vous encore ? — demanda Chatelet. — Accusez-vous toujours ?

Elle baissa la tête, cacha son visage dans ses mains et ses sanglots éclatèrent.

Pendant quelques secondes son interlocuteur, profondément ému, vit les larmes de la pauvre enfant ruisseler comme une pluie d'orage entre ses doigts délicats, et tomber sur sa poitrine.

Ce notaire était un digne homme.

Il sentit ses paupières se mouiller et il s'écria :

— Au nom du ciel, madame, calmez-vous !... — Pourquoi ce désespoir ? Pourquoi ces pleurs ? Soyez forte, je vous en conjure... — Rien n'est perdu... Tout peut se réparer encore...

En entendant ces consolations banales, impuissantes à soulager son indicible souffrance, la jeune veuve releva la tête, et tournant vers le notaire un regard d'une expression navrante, elle balbutia :

— Le bonheur s'offrait à moi... Je ne l'ai pas compris !... — Malheureuse folle, aveugle et dupe, entre les sommets et l'abîme je pouvais choisir... j'ai choisi l'abîme, sans écouter l'instinct de mon cœur qui m'avertissait du péril...

— L'instinct de votre cœur ?... — fit vivement Me Chatelet. — Aimiez-vous donc le comte Lionel ?...

— Eh ! monsieur, — répliqua Valentine dont les larmes ne tarissaient pas. — Je n'étais qu'une enfant... Je ne savais rien de l'amour... mais aujourd'hui que quelques mois m'ont vieillie de dix années... aujourd'hui que l'expérience de la vie m'est venue avec la douleur, je comprends bien que j'allais l'aimer... que je l'aimais presque déjà... — Puis je l'ai cru coupable de lâcheté, de mensonge, de trahison, et le mépris a tué la tendresse naissante... — D'ailleurs j'appartenais à un autre... Je n'avais plus le droit de me souvenir, et je chassais de ma pensée M. de Rochegude...

— Mais, à présent ? — demanda le notaire.

— A présent ? — répéta Valentine.

— Vous êtes libre, vous pouvez donner votre cœur...

La jeune femme sourit avec amertume.

— Vous parlez de mon cœur ! — dit-elle. — Eh ! monsieur, triste cadeau qu'un cœur brisé ! qui donc l'accepterait ?...

— Celui qui vous aime plus que tout... Le comte Lionel...

— Ainsi, c'est vrai ?... C'est bien vrai ? Il m'aime toujours ?

— Toujours et pour toujours ! Ce sont ses expressions...

— Sans espoir, alors ?...

— Comment, sans espoir ! — N'êtes-vous pas veuve, par conséquent maîtresse de disposer de votre personne à l'expiration du délai fixé par la loi... — Aujourd'hui, comme il y a un an, le rêve du comte est de vous nommer sa femme...

— Sa femme ? — s'écria Valentine.

— Assurément !... Et croyez-vous, madame, que je serais son interprète s'il ne s'agissait point de mariage ??...

— Ce mariage est impossible... — murmura l'orpheline. — Je n'y consentirai jamais... je ne dois pas y consentir...

— Vous ne devez pas ?...

— Non! Cent fois non !!...

— Mais, pourquoi ? — interrogea le notaire, prodigieusement surpris.

— Par respect pour celui qui m'aime...

— Expliquez-vous, madame... — Je ne puis vous comprendre !... — Etes-vous donc indigne du comte ?...

— J'en suis indigne, oui monsieur... non par ma faute personnelle car, grâce à Dieu, je n'ai rien à me reprocher, mais par la faute des faits accomplis... — Lionel de Rochegude pouvait devenir le mari de Valentine de Cernay... il ne peut épouser la veuve d'Hermann Vogel...

— Encore une fois, pourquoi ?

— Parce que l'infortuné dont je porte le deuil a commis une action honteuse ! — Or, — et vous le savez aussi bien que moi, — les conséquences de cette action auront beau disparaître, il restera toujours une tache sur le nom qui est aujourd'hui le mien...

— Au coupable seul la honte !... — Comment seriez-vous solidaire d'un crime dont vous êtes innocente ?

— J'étais la femme du coupable, et le nom souillé de Vogel ne peut pas s'accoler au nom éclatant de

Rochegude... — Interrogez votre conscience, monsieur, et dites-moi si je suis dans l'erreur...

Le notaire hésita.

Au fond il était un peu de l'avis de Valentine, mais il lui déplaisait d'en convenir.

— Délicatesse que j'apprécie... — répondit-il enfin, — très-honorable, mais excessive!... — Le monde, à notre époque, est singulièrement oublieux... — Qu'y a-t-il dans le passé, s'il vous plaît? — Un suicide... — Ni arrestation, ni procès... — Au bout de moins d'une année, âme qui vive ne se souviendra de la mort tragique du caissier, et personne ne se doutera que la comtesse de Rochegude s'est appelée madame Vogel...

— Soit, monsieur, et j'admets qu'en me parlant ainsi vous soyez convaincu... J'admets, comme vous semblez le croire, que l'obstacle dont il s'agit n'est pas insurmontable... Mais attendez!... ce n'est pas tout...

— Bon Dieu! — fit Me Chatelet en joignant les mains. — Ce n'est pas tout!! qu'y a-t-il encore?...

Valentine poursuivit en baissant les yeux, tandis que son visage se couvrait d'une vive rougeur.

— Il y a ceci : — Le nom funeste de Vogel sera vite oublié, dites-vous... — Eh bien! vous vous trompez, car ce nom va renaître...

Le notaire tressaillit et regarda d'un air effaré la jeune femme.

— Oui... — continua-t-elle, — je vais être mère... et cette maternité prochaine, loin de m'enorgueillir, m'épouvante... — Comprenez-vous maintenant, monsieur, comprenez-vous que je refuse d'apporter au comte de Rochegude une flétrissure et l'enfant d'un homme qui s'est réfugié dans la mort pour éviter la cour d'assises? — En vérité, ce serait trop!!...

Me Chatelet s'inclina.

— Du fond de mon âme, — dit-il, — je vous admire, madame, et le respect que déjà vous m'inspiriez grandit encore !... — Je ne puis ni vous donner raison, ni vous désapprouver... — Je me récuse absolument dans une question si grave... — Je rapporterai fidèlement vos paroles à M. de Rochegude... Mais, ou je me trompe fort, ou ces preuves nouvelles de la grandeur d'une âme d'élite, ne changeront rien à la nature de ses sentiments pour vous et ne modifieront point ses projets d'avenir...

— Quoi, — balbutia Valentine presque tremblante, — vous croyez qu'il voudrait toujours...

Elle s'interrompit.

— Vous épouser? — acheva le notaire. — Oui,

madame, il le voudra plus que jamais... — Et je ne l'en détournerai point, je l'avoue, s'il me fait l'honneur de me consulter. — Que voulez-vous, madame, quand il s'agit d'acheter le bonheur de sa vie, on ne regarde pas au prix, et je pense qu'on agit sagement en agissant ainsi...

— Mais moi je refuse, monsieur... — reprit la jeune femme avec une agitation fébrile, — et je refuserai toujours...

Me Chatelet sourit d'un air vaguement incrédule.

— Ceci, — répliqua-t-il, — ne me regarde pas du tout!... — Ce sera au comte Lionel de triompher de votre résistance, s'il persiste, comme je le crois.

Un entretien si grave ne pouvait dégénérer en conversation banale.

Tout ce qui devait se dire entre l'ambassadeur de Lionel et la jeune veuve avait été dit.

Le notaire prit congé de Valentine qu'il laissa très-pâle et très-émue; il quitta l'hôtel, traversa le jardin et regagna la rue de Babylone. — Le coupé attendait à l'angle de la rue du Bac.

M. de Rochegude, dévoré d'impatience, incapable de rester dans la voiture, fumait, ou plutôt mâchait un cigare, en arpentant le trottoir, de long en large, à pas pressés.

Il alla vivement à la rencontre du notaire.

— Comme votre visite a été longue, cher monsieur!! — fit-il en l'abordant.

— Le temps m'a paru court...— répliqua Me Chatelet.

— Y a-t-il du nouveau?...

— Beaucoup, et j'ai le mot de toutes les énigmes...

— Parlez vite!!

— J'avais deviné juste... — La pauvre enfant est tombée dans un piége odieux... — On lui a démontré jusqu'à l'évidence que vous organisiez contre elle des tentatives violentes... — Elle n'a consenti à épouser Hermann Vogel que pour se défendre contre vous...

— Infamie!! — murmura Lionel.

— Du reste, voici les faits... — Ecoutez-moi, je vous en prie, sans m'interrompre...

Et Me Chatelet répéta, avec une exactitude de sténographe, l'entretien que nous venons de mettre sous les yeux de nos lecteurs.

En entendant parler de l'enfant prêt à naître le comte devint pâle, mais il se remit presque aussitôt, et, lorsque le récit fut achevé, il s'écria :

— Eh! que m'importe tout cela?... — Valentine a souffert et n'a jamais failli!... Vogel était un misérable, mais pas une éclaboussure de sa honte n'a jailli sur le front pur de sa veuve !... J'accepte l'enfant du suicidé, je l'aimerai comme mon propre enfant, pour l'amour de sa mère dont je veux plus que jamais faire une comtesse de Rochegude...

— Mais, elle refuse, je vous le répète...

— Elle acceptera, je vous le jure...

XLV

Vers quatre heures de l'après-midi, le lendemain, le coupé de Lionel s'arrêtait rue de Babylone devant la porte à panneaux pleins donnant accès dans le petit parc que nous connaissons.

Cette porte s'ouvrit au premier coup de timbre pour laisser entrer le jeune homme, très-pâle, mais calme et résolu ; il suivit rapidement la longue allée traversant le jardin de part en part, et il arriva au perron.

Le vieux valet de chambre Edouard, prévenu par l'appel du timbre, attendait sur la plus haute marche.

— Que désire monsieur ? — demanda-t-il en s'inclinant.

Une invincible répugnance empêchait M. de Rochegude de prononcer le nom de Vogel.

Il répondit par cette question.

— Votre maîtresse est-elle visible ?...

— Madame ne reçoit personne, — répliqua le valet de chambre.

— Elle fera sans aucun doute une exception en ma faveur, — reprit Lionel, — quand elle saura que je me présente de la part de Mᵉ Chatelet son notaire, et que je suis chargé d'une communication importante !...

— Alors, monsieur vient pour affaires ?...

— Oui, — Veuillez le faire savoir à votre maîtresse...

— Monsieur veut-il me dire son nom ?...

— C'est absolument inutile... Mon nom n'apprendrait rien à la cliente de Mᵉ Chatelet...

— Je prie monsieur d'attendre un instant au vestibule et je vais avertir madame...

Lionel, en proie à la plus vive anxiété, se laissa tomber sur une banquette.

La ruse si simple qu'il venait de mettre en usage avec un sang-froid dont il s'étonnait lui-même, allait-elle réussir ?...

Valentine sans défiance consentirait-elle à recevoir un inconnu qu'elle croirait envoyé par son notaire pour lui parler de la succession Villars ?...

Trouverait-elle suspecte au contraire cette visite inattendue? défendrait-elle sa porte? et dans ce cas comment arriver jusqu'à elle?

Double et insoluble problème!...

L'absence du valet de chambre dura deux minutes, qui semblèrent interminables au jeune homme.

Enfin le vieil Edouard reparut.

— Madame attend monsieur... — dit-il.

Le cœur de Lionel bondit tandis que le domestique marchant devant lui, d'un air très-digne, ouvrait la porte du salon et annonçait :

— La personne envoyée à madame par M. Chatelet...

Le comte de Rochegude franchit le seuil, la porte se referma derrière lui...

Valentine était seule, debout auprès d'une jardinière dans laquelle sa main distraite arrangeait quelques fleurs.

Elle fit machinalement un pas dans la direction du visiteur qu'elle s'apprêtait à interroger; mais, au moment de lui adresser la parole, elle leva les yeux sur lui, reconnut Lionel, et stupéfaite, effarée, tremblante, recula en balbutiant :

— Vous!... c'est vous!... Oh! mon Dieu!.

— Est-ce que je vous fais peur, madame? — murmura Lionel, aussi tremblant que la jeune femme.

— Pourquoi êtes-vous ici ? — reprit Valentine. — Qu'y venez-vous chercher ?...

— Je suis ici parce que je vous aime, et ce que j'y viens chercher, vous le savez bien, c'est vous... — Ecoutez-moi, madame...

— Je ne veux pas vous écouter ! — interrompit madame Vogel. — Je ne veux pas vous voir ! — Je vous en prie, monsieur... je vous en supplie... je vous le demande à mains jointes... retirez-vous...

— Que craignez-vous de moi ? — poursuivit le comte. — J'aurais compris cette étrange terreur quand abusée par la calomnie, vous me preniez pour un misérable... mais aujourd'hui vous savez tout et votre accueil est injuste et cruel... — Qu'ai-je donc fait pour être ainsi chassé ?...

— Regardez-moi, monsieur ! — répliqua Valentine, réagissant de toutes ses forces contre sa première et foudroyante émotion. — Ces vêtements noirs vous répondront avec éloquence !... Ils vous diront qu'un deuil presque d'hier m'impose une retraite absolue.. — La solitude est un devoir étroit, auquel ma volonté n'est pas de me soustraire. — Encore une fois, monsieur, retirez-vous... Je veux être seule...

— Je vous obéirai, madame, je vous le promets, je vous le jure... Mais ne soyez pas sans pitié... Accordez-moi quelques secondes... Laissez-moi vous dire...

— Je ne veux rien entendre... — interrompit de nouveau la jeune femme.

— Il faut que je parle cependant... — continua Lionel, — et je parlerai...

— Même malgré moi! — s'écria Valentine.

— Oui, madame, même malgré vous... — Qui sait quand je me trouverai, comme aujourd'hui, seul avec vous?... — L'occasion envolée reviendra-t-elle jamais?... — Si vous aviez été moins impérieuse, il y a un an, et si j'avais été moins docile, que de malheurs nous aurions évités! — Votre bonheur et le mien doivent primer les convenances!... C'est pour cela que je veux parler... C'est pour cela qu'il faut m'entendre...

— Eh bien! soit... mais plus tard... — balbutia la jeune femme.

— Non, madame, à l'instant... — Oh! soyez tranquille, je serai bref... Toute explication serait d'ailleurs superflue, puisque après votre entretien d'hier avec le notaire Chatelet il ne reste entre nous aucune obscurité... — Le passé a vécu... qu'il soit oublié..., — L'avenir va naître... songeons à lui... — Je vous aimais il y a un an, Valentine, je vous aimais de toutes les forces de mon cœur, de toutes les puissances de mon âme... — L'absence et la douleur ont grandi cet amour... Il est devenu de l'adoration... — Sans vous, rien n'existe pour moi ! — N'espérant plus, je mourais lentement... La vie m'est revenue en même temps que l'espérance... — Il y a un an, vous m'avez presque aimé... — Vous n'avez qu'à vouloir pour m'aimer tout à fait... — Dans quelques minutes je vais vous quitter, mais je veux, en m'éloignant, emporter une certitude... Je veux qu'un serment de vous rende à jamais indissoluble la chaîne qui nous lie !... — Quand sonnera l'heure où la loi vous rendra maîtresse de vous-même, jurez que vous serez ma femme !...

— Votre femme ! — répéta Valentine. — Vous me demandez d'être votre femme, et vous dites que vous savez tout...

— Je le dis et c'est vrai !... — Chatelet ne m'a rien caché... — Vous en êtes plus sainte et plus grande à mes yeux, et le martyre que vous avez subi vous met une auréole au front !

— Quoi ce nom flétri ?

— La comtesse de Rochegude ne se souviendra même pas de l'avoir porté...

— Mais, l'enfant qui va naître et qui n'a plus de père ?

— Pauvre innocente créature !... Je suis prêt à l'aimer...

— Ah! — s'écria Valentine en joignant les mains, — une si sublime abnégation... un pareil dévouement... c'est trop grand... c'est trop beau! — Pour être à la hauteur du sacrifice que vous voulez me faire, je n'ai qu'un seul moyen, c'est de le refuser...

— Le refuser! répéta Lionel.

— C'est un devoir cruel, je le sens bien, mais c'est un devoir, et je trouverai dans mon respect pour vous le courage de l'accomplir...

— Vous ne porterez pas mon nom?

— Jamais! — Si vous veniez à vous repentir un jour de me l'avoir donné, je serais trop à plaindre...

Un moment de silence suivit ces derniers mots.

La contraction des sourcils de Lionel, la dilatation de ses narines indiquaient qu'un violent orage grondait en lui et que cet orage allait éclater.

Il n'en fut rien.

L'orage s'apaisa brusquement.

— Soit! — dit le jeune homme d'un ton froid. — Vous êtes libre de me sacrifier aujourd'hui pour éviter dans l'avenir un malheur imaginaire... — J'accepte votre arrêt... — Mais je suis libre aussi, moi, de disposer d'une existence que vous ne voulez point partager!... — J'ai trop désespéré depuis un an... trop lutté... trop souffert... — Je suis à bout de force... — Le voyageur épuisé de fatigue, avançant d'un pas lourd sur la route poudreuse, décharge son épaule du fardeau qui l'écrase, s'étend dans un fossé du chemin et s'endort... — J'imiterai le voyageur !... — Je suis las comme lui... Je jetterai mon fardeau et je m'endormirai d'un sommeil sans rêves, et surtout sans réveil...

Valentine frissonna :

— Mon Dieu, — balbutia-t-elle, — que signifie cela ?...

— La vie ne me garde plus rien, — poursuivit Lionel, — je déserte la vie... — Mon seul espoir était en vous... Vous le supprimez... Tout est dit ! — Je vais me brûler la cervelle en rentrant chez moi... et Dieu me pardonnera, je le crois fermement, car il est la justice même, et ma souffrance, en vérité, dépasse les forces d'un homme !

XLVI

En entendant Lionel parler de suicide, Valentine tressaillit violemment.

— Vous feriez cela !!... — balbutia-t-elle avec épouvante.

— Sans hésiter, — répliqua le comte.

— Ce serait un crime.

— Croyez-vous que je l'ignore?...

— Et c'est moi qui vous aurais poussé à ce crime...

— Assurément, mais que vous importe? — Pour me rattacher à la vie il suffirait d'un mot, et vous refusez de le dire!!...

— Vous êtes bien injuste et bien cruel!!... — Si je repousse le grand honneur que vous m'offrez, c'est pour vous... pour vous seul...

— Vain prétexte et paroles fausses !...

— Vous ne me croyez pas ?...

— Non, je ne vous crois pas !...

— Comment vous convaincre ?... Comment vous prouver ma franchise ?...

— L'essayer même serait inutile... — Je vous défie de réussir...

— Que faire, mon Dieu ? Que faire ?...

— Me laisser mourir, puisque c'est vous qui me condamnez... — Adieu, madame... Soyez heureuse... voilà mon vœu suprême.

Lionel se dirigea vers la porte.

Valentine s'élança pour le retenir.

— Vous partez ainsi ! ! — s'écria-t-elle.

— Je pars... — Entre nous tout est dit... — j'ai hâte d'en finir...

— Lionel... — murmura la jeune femme d'une voix presque éteinte.

— Madame ?

— Restez, je vous en conjure...

— A quoi bon ?... — Je vous répète que j'ai trop souffert... — Mon courage est à bout... — Je refuse de prolonger un supplice inutile...

— Comprenez donc qu'en vous tuant vous me tuerez aussi !... Comprenez donc que je vous aime ! !...

— Vous m'aimez? — répéta le comte.

— Ah! de toute mon âme...

— Si vous m'aimiez, refuseriez-vous de devenir ma femme?... — Non, vous ne m'aimez pas!...

Valentine, défaillante et brisée, se soutenait à peine. — Elle posa sa tête sur l'épaule du M. de Rochegude et lui jeta ses bras autour du cou en balbutiant :

— Est-ce que je refuse encore?... Je n'ai plus ni force ni volonté... Commandez et j'obéirai, puisqu'à ce prix est votre salut... Disposez de moi... Mais vivez...

— Chère enfant adorée, — s'écria-t-il en serrant Valentine contre son cœur avec une violence à la fois passionnée et chaste, — voilà une minute qui rachète tout, et fait tout oublier!! — Oh! non, je ne veux plus mourir... Le bonheur désormais est au bout du chemin... Nous aurons pris le plus long pour l'atteindre, mais il ne nous échappera pas!!

L'entretien était arrivé à son point culminant.

Il est des sensations si puissantes qu'aucunes paroles ne seraient capables de les exprimer, et que des phrases, même éloquentes, ne pourraient que les affaiblir.

Quelques instants de silence succédèrent à l'étreinte de Lionel et de Valentine...

Pour la première fois le comte appuyait ses lèvres sur le front pur de la jeune femme...

Une oreille attentive aurait entendu ces deux nobles cœurs battre rapidement à l'unisson.

Valentine pleurait sans le savoir. — De grosses larmes se détachaient une à une de ses longs cils, mais ces larmes n'avaient plus d'amertume.

M. de Rochegude rompit le silence.

— Enfin, — dit-il, — enfin vous avez consenti !... — Vous voilà ma fiancée !...

L'angélique enfant, souriante et confuse en même temps, se dégagea par un mouvement lent et doux de l'étreinte qui l'enlaçait, et répliqua :

— J'ai consenti, et je ne reprendrai point ma parole, mais à ce consentement je mets, sinon des conditions, du moins des restrictions...

— Lesquelles ? — demanda Lionel avec un peu d'inquiétude.

— Vous voulez, n'est-ce pas, — reprit Valentine, — que celle qui sera votre femme soit entourée du respect de tous ?...

— Si je veux le respect de tous !!... — s'écria le comte. — Certes, oui !! — Personne au monde n'en est digne autant que vous, et je saurai bien l'imposer !!...

— Le respect ne s'impose pas, mon ami... — Pour l'obtenir, il faut le mériter... — Une fausse démarche l'effarouche... une imprudence l'éloigne à jamais...

— Où voulez-vous en venir, chère enfant? — fit Lionel.

— A ceci : La future comtesse de Rochegude ne doit pas être compromise...

— Par qui le seriez-vous, grand Dieu?...

— Par vous-même...

— Je vous compromettrais? Moi? Et comment

— Par vos visites...

— Prétendez-vous m'interdire votre présence?

— Je prétends cela...—Ma situation fausse et difficile, aussi bien que les plus strictes convenances, nous ordonnent impérieusement de vivre éloignés l'un de l'autre pendant plusieurs mois... — Où étiez-vous quand vous avez appris mon veuvage?

— Dans une petite ville de province, en garnison avec mon régiment...

— Eh bien, il faut retourner dans cette ville.

— Le courage me manquera!.... Je ne pourrai jamais!!

— On peut tout ce qu'on veut!... Et d'ailleurs serez-vous si fort à plaindre?... — Physiquement nous serons séparés, mais nos âmes resteront ensemble!... — Vous aurez confiance en moi... — Vous saurez que je vous aime, que je pense à vous, rien qu'à vous, et que chaque minute qui s'écoule rapproche l'heure d'une réunion que Dieu lui-même bénira!... — Je ne vous défendrai pas de m'écrire, vos lettres apporteront dans ma solitude un rayon de soleil, et les réponses que vous recevrez ne seront point cette fois l'œuvre d'un faussaire...

Après avoir murmuré ces derniers mots, Valentine devint pourpre...

Elle venait d'évoquer par une parole irréfléchie les plus mauvais souvenirs du passé, en rappelant le crime commis par Hermann pour la séparer de Lionel.

Aussi, pour détruire vite toute impression pénible, elle se hâta d'ajouter...

— Ai-je eu le don de persuasion?... ferez-vous ce que je demande?

— Eh! vous le savez bien! — répliqua le comte. — Suis-je capable de vous résister — Vous commandez et j'obéis...

— Vous me promettez de partir?...

— Sans doute, puisque vous voulez ce départ...

— Et vous partirez bientôt?...

— Quand il vous plaira que je parte...

— Alors vous quitterez Paris dès que vous aurez fait une démarche que j'attends de vous...

— Quelle que soit cette démarche, je suis prêt... — De quoi s'agit-il?...

— Il y a un an, — reprit Valentine, — madame de

Rochegude, votre mère, quoiqu'elle eût fait pour vous d'autres rêves d'avenir, consentait à notre union, n'est-ce pas?

— Elle y consentait sans vous connaître... — Vous connaissant, elle vous eût aimée et choisie entre toutes...

— Sait-elle ce qui s'est passé depuis un an?

— Elle ne sait rien, sauf qu'une déception immense avait brisé ma vie... — Je me taisais... — Je cachais la blessure de mon cœur... et ma mère, discrète jusqu'à l'héroïsme, ne m'interrogeait point...

Valentine reprit :

— Pas plus aujourd'hui qu'autrefois, je ne voudrais subir l'humiliation profonde d'entrer dans une famille malgré cette famille... — C'est mon unique orgueil... C'est ma seule fierté... Je les crois légitimes...

— Mais, — s'écria Lionel, — puisque ma mère consentait...

— Ma position est bien changée... — interrompit la jeune femme. — Il y a un an j'étais mademoiselle de Cernay, fille pauvre d'une race déchue mais sans souillure... — Je suis veuve aujourd'hui, veuve d'un mari coupable et je vais être mère... — La comtesse de Rochegude acceptera-t-elle sans une immense douleur ces conditions nouvelles et déplorables auxquelles je ne puis penser qu'avec effroi?... — Je n'aurais garde de faire entrer en ligne de compte les millions que je possède... — Ils ne rétablissent pas l'équilibre... — Pour les femmes de votre caste, l'argent dans la balance pèse moins que l'honneur...

Lionel allait parler.

Valentine ne lui en laissa pas le temps.

— Ne me répondez pas, — fit-elle, — et confessez loyalement à madame de Rochegude la vérité tout entière... — Ne lui cachez point mes scrupules... elle les comprendra mieux que vous... — Revenez m'apprendre qu'aujourd'hui comme il y a un an elle m'accepte pour fille... — Nous échangerons un serment et vous partirez, emportant mon image au fond de votre cœur, et me laissant dans la solitude avec votre pensée...

XLVII

En quittant la rue de Babylone pour retourner à l'hôtel des Champs-Elysées, après son entrevue avec la jeune veuve, M. de Rochegude se trouvait dans un état moral difficile à analyser et presque impossible à décrire.

La joie, l'inquiétude et l'angoisse se partageaient son âme, et tour à tour y régnaient en souveraines.

Certes, Lionel se sentait heureux de son triomphe. — Valentine ne résistait plus et consentait au mariage qu'il souhaitait si passionnément.

Le bonheur rêvé devenait donc à peu près certain, quoique l'échéance en fût lointaine encore...

De ce côté, tout était bien, mais le lieutenant ne pouvait songer sans épouvante à l'explication décisive prête à intervenir entre lui et sa mère.

Quelle impression produiraient sur madame de Rochegude les choses qu'elle allait apprendre?

Accepterait-elle ce qu'il acceptait lui-même?

Lionel s'efforçait de le croire, mais le doute et l'angoisse, nous le répétons, se mêlaient à son espérance...

Or, si la comtesse ne pouvait se résoudre à tendre ses bras à la veuve du caissier Vogel, à lui ouvrir son cœur, à la nommer sa fille, qu'adviendrait-t-il?

Le lieutenant se posait en tremblant cette question insoluble.

Il savait trop bien qu'aucune considération humaine ne déciderait Valentine à entrer dans une famille qui rougirait de son alliance...

Rester en cet état de poignante indécision, ne fût-ce que pendant quelques heures, semblait impossible à Lionel...

Aussi, tout en descendant de voiture, il se fit annoncer chez sa mère.

Madame de Rochegude, qui travaillait dans un petit salon à un ouvrage de tapisserie, quitta sa chaise longue et, souriante, fit un pas au devant de son fils...

Mais au moment de l'embrasser elle tressaillit, et le sourire disparut de ses lèvres.

— Que t'arrive-t-il, cher enfant? — s'écria-t-elle.

— Pourquoi me demandez-vous cela, ma mère?... — répliqua le comte.

— Parce que tu n'es plus le même que ce matin... — Je vois sur ton visage les traces d'une profonde émotion... — Quelque chose de sérieux vient de se passer dans ta vie... — Est-ce que je me trompe?...

— Non, mère bien-aimée, vous ne vous trompez pas... et si je suis ému, c'est à cause du grave entretien que je vais avoir avec vous...

— Je suis prête à t'écouter avec toute mon attention, à te répondre avec toute ma tendresse...

Lionel reconduisit la comtesse jusqu'à la chaise longue, la fit asseoir, s'assit lui-même à côté d'elle, lui prit les mains qu'il pressa contre ses lèvres, et dit d'une voix douce et caressante :

— Songez que le bonheur de ma vie va dépendre de votre réponse...

— Le bonheur de ta vie!! — répéta madame de Rochegude en secouant la tête. — Ah! s'il ne dépendait que de moi!... Mais, mon pauvre Lionel, l'homme, surtout quand il est jeune encore, s'illusionne bien souvent, passe à côté du bonheur sans le voir, et le cherche où il n'est pas...

— Je sais où il est, moi! — reprit le comte.

— En es-tu sûr?...

— Oui, ma bonne mère, absolument sûr!...

— Tu disais déjà cela il y a un an... Tu le disais avec assurance, comme aujourd'hui, et cependant tu te trompais...

Ces paroles de la comtesse fournissaient une entrée en matière.

Lionel la saisit.

— Eh bien! non, — s'écria-t-il, — je ne me trompais pas!...

Madame de Rochegude le regarda avec une indicible surprise.

— Comment?...— murmura-t-elle... — Que veux-tu dire?...

— Celle que j'aimais était perdue pour moi... Dieu vient de me la rendre...

La comtesse soupira.

Ses pressentiments de la veille se réalisaient.

Il allait être question de nouveau de cette créature funeste pour laquelle son fils avait failli mourir...

Il lui sembla revoir Lionel, — comme elle l'avait vu après sa rencontre avec Hermann, — pâle, inanimé, sanglant, étendu sur ce lit de douleur qui pouvait devenir une couche d'agonie.

Elle ne prononça pas un mot, elle ne fit pas un geste, et concentra en elle-même la douloureuse impression qu'elle ressentait...

Lionel, feignant de ne point s'apercevoir de ce

qui se passait dans l'esprit de sa mère, continua, ou pour mieux dire commença son récit.

Nous nous garderons de le suivre dans une longue narration dont les détails, ainsi que d'autres qu'il ignorait lui-même, sont connus de nos lecteurs.

Il dit à la comtesse tout ce que le notaire Chatelet lui avait appris la veille, et il répéta de façon presque textuelle l'entretien qu'il venait d'avo r avec Valentine.

— Et maintenant, — s'écria-t-il en terminant, — comprenez-vous que cette pure et malheureuse enfant est une perle sans tache?... — Comprenez-vous à quel point l'adoration qu'elle m'inspire est une adoration légitime?... Comprenez-vous enfin que sans elle il ne peut exister pour moi de bonheur en ce monde, et consentez-vous à devenir la mère de ma bien-aimée Valentine?...

Madame de Rochegude, oppressée mais calme, le front incliné, les yeux baissés, les mains jointes, impassible en apparence, avait écouté silencieusement.

A cette interrogation de Lionel elle releva la tête.

Ses paupières étaient humides. — Une faible rougeur colora ses joues.

— Pardonne-moi, cher enfant, — répondit-elle

d'une voix parfaitement distincte quoique très-basse, — pardonne-moi le grand chagrin que je vais te causer... — Tu me demandes si je consens à devenir la mère de celle à qui ton cœur appartient tout entier, et je me vois forcée de te répondre : — Non, je ne consens pas!!...

Lionel devint livide.

— Vous refusez!... — balbutia-il.

— Je refuse...

— N'ai-je donc pas su vous convaincre? — Trouvez-vous quelque chose d'inexpliqué, d'obscur, de suspect, dans l'existence de Valentine?... — La douce enfant vous paraît-elle indigne de respect?...

— Que Dieu me garde de penser cela!! — s'écria madame de Rochegude. — En accusant ainsi je serais bien coupable... — Je crois au contraire que ton amour n'a rien exagéré, et que madame Vogel possède bien réellement toutes les vertus que tu lui prêtes...

— Et, malgré cela, vous refusez!!...

— Je le dois...

— Mais pourquoi?... — Vous consentiez il y a un an!!... — Quelle raison puissante milite aujourd'hui contre Valentine?...

— La plus puissante de toute : *l'honneur du nom!*... et tu le sais bien, puisque cette jeune femme, dans son entretien avec toi, a pris soin de te fournir elle-même des arguments contre elle... — Le comte de Rochegude pouvait épouser mademoiselle de Cernay, une enfant orpheline, obscure et pauvre, et travaillant pour vivre... — Il ne peut prendre pour femme la veuve millionnaire d'un caissier infidèle dont tous les journaux de France et du monde ont raconté l'étrange existence et le suicide!... — Il ne peut accoupler le nom de Rochegude à ce nom flétri !!... — Il ne peut pas donner pour frère à ses fils l'enfant posthume d'un faussaire !!... — Madame Vogel t'a dit tout cela... — Je ne consens pas...

— Ma mère, — demanda le comte d'une voix brisée, — cet arrêt est-il sans appel?

— Oui, mon pauvre enfant, sans appel... — Tu es le maître de passer outre, et ton âge t'en donne le droit, mais je ne me rendrai point complice, par un lâche consentement, d'un outrage au nom pur et respecté transmis à ton père par une longue suite d'aïeux, et dont tu es aujourd'hui le dernier représentant...

Lionel quitta son siége.

Comme au début de l'entretien il prit la main de la comtesse et l'effleura de ses lèvres...

— Je suis un fils respectueux... — balbutia-t-il. — Je ne passerai pas outre... — Adieu, ma mère...

En prononçant le mot : *Adieu*, la voix du comte était si étrange que madame de Rochegude tressaillit et se leva vivement.

— Où vas-tu? — s'écria-t-elle.

XLVIII

Lionel garda le silence.

— Où vas-tu ? — répéta madame de Rochegude.

— Je pars... — murmura le jeune homme.

— Tu quittes Paris?

— Oui.

— Aujourd'hui ?

— Ce soir même.

— Pourquoi ce brusque départ ? — Ne peux-tu me consacrer quelques jours ?... Je l'avais espéré.

— Cela m'est impossible... — Je dois rejoindre mon régiment...

— Tu me jures, — reprit le comtesse, dont la physionomie de son fils redoublait l'épouvante, — tu me jures que tu n'as pas de pensées funestes ?...

Interrogé d'une façon presque identique par Valentine, Lionel avait répondu : — *Je vais me brûler la cervelle...* — et en disant cela il était de bonne foi.

Mais il ne se sentait pas le courage de briser le cœur de sa mère par l'aveu brutal d'un suicide imminent.

D'ailleurs, il venait de réfléchir...

A quoi bon se tuer ?

Ne suffisait-il pas de se laisser mourir ?

— Vous m'avez imposé votre volonté... — répliqua-t-il ; — je vous prouve mon respect par mon obéissance... — Que pouvez-vous exiger de plus ? — Vous êtes sans pitié, ma mère... — Vous sacrifiez impitoyablement le bonheur de votre fils à un préjugé... oui, un préjugé, car je n'admets pas, je n'admettrai jamais, que l'alliance d'une femme irréprochable puisse entacher l'honneur du grand nom que je porte, et que j'ai conscience de porter dignement... — Vous croyez le contraire, vous me défendez de passer outre, et je me soumets sans discussion...

— Mais non pas sans révolte... — interrompit madame de Rochegude.

— Non, pas sans revolte, c'est vrai, — reprit Lionel, — mais si cette révolte ne se manifeste ni par des actes, ni par des paroles, mon devoir filial est largement rempli... Embrassez-moi donc une dernière fois, ma mère, et laissez-moi partir...

— Je ne veux pas que tu partes, — s'écria la comtesse. — Je veux connaître ta pensée tout entière...

— Vous m'ordonnez de parler?...

— J'ordonne et je supplie...

— Vous voulez savoir ce que l'avenir me garde désormais?...

— Je le veux.

— Eh bien! soit... voici la vérité... — Valentine est si bien ma vie, que sans elle je ne puis vivre... — Depuis un an, ne conservant aucune espérance, miné par un chagrin dont je ne voulais pas guérir, et qui d'ailleurs était inguérissable, absorbé jour et nuit dans une pensée unique, n'ayant qu'indifférence pour le travail et que dégoût pour le plaisir, n'aimant plus rien au monde, excepté vous, ma mère, je sentais chaque jour me rapprocher du terme où je trouverais le calme, à défaut du bonheur!!... — Au seuil du cimetière de la ville où mon régiment tient garnison j'avais lu par hasard des mots latins dont voici le sens : *Les morts sont heureux parce qu'ils reposent...* — A toute heure je me répétais : — Moi aussi je serai bientôt heureux à leur manière, j'aurai le repos de la tombe!... et ce cimetière m'attirait comme un asile...

— Malheureux enfant!! — murmura la comtesse d'une voix si basse que Lionel l'entendit à peine.

Il poursuivit :

— Tout à coup... brusquement... il y a deux jours... une joie foudroyante vint galvaniser mon corps et mon âme... — Valentine était veuve... — L'espoir m'était de nouveau permis... — Ce fut une résurrection... — Le suaire de glace et de plomb que je traînais comme un fantôme, tomba de mes épaules... — Je me sentis renaître... — Je reconquis ma jeunesse disparue... — Je me rattachai à la vie avec d'autant plus d'ardeur que ma haine de la vie avait été plus profonde... — Je partis... J'arrivai... — Vous savez le reste... — Dieu lui-même s'était chargé d'anéantir l'obstacle qui me séparait de Valentine... — Mais à la place où s'élevait la barrière disparue vous en dressez une autre, infranchissable cette fois, puisque la volonté maternelle, même quand elle est injuste, doit être sacrée pour un fils... — Je suis condamné sans appel... C'est vous qui l'avez dit... — Tout est fini pour moi... Je retourne mourir... Embrassez-moi donc... et adieu...

Depuis un instant madame de Rochegude ne parvenait à dominer son émotion qu'en faisant appel à toute la force d'âme dont elle était amplement pourvue.

Cette force d'âme lui manqua lorsqu'elle entendit Lionel prononcer pour la seconde fois le mot : *Adieu !....* avec une expression déchirante.

Sa poitrine se souleva convulsivement ; des pleurs brûlants jaillirent de ses yeux ; ses sanglots éclatèrent.

— Si je vous ai fait de la peine, murmura le comte, — pardonnez-moi, ma mère... — J'aurais voulu m'éloigner en silence et vous m'avez ordonné de parler... — Je ne suis coupable que d'obéissance... pardonnez-moi !... pardonnez-moi !...

Madame de Rochegude ouvrit ses bras où Lionel se laissa tomber. — Elle le pressa contre sa poitrine avec une violence convulsive. — Elle couvrit de baisers ses joues et ses cheveux, en balbutiant des mots interrompus.

Le lieutenant, à son tour, sentit son cœur se fondre. — La mère et le fils mêlèrent leurs larmes.

— Et je te condamnerais à mort!... — s'écria la comtesse quand cette crise d'attendrissement se fut un peu calmée. — Je serais le bourreau de mon enfant!! — Allons donc! Est-ce que c'est possible?... — Non!... cent fois non!!... — Je ne résiste plus... — Quoi qu'il advienne, je veux que tu vives, mon Lionel, et que tu sois heureux...

Le jeune homme venait de gagner sa cause à l'hôtel des Champs-Elysées, comme il l'avait gagnée une heure auparavant à l'hôtel de la rue de Babylone.

Nous n'essayerons même pas de décrire ce qui se passait dans son âme tandis que madame de Rochegude prononçait les paroles que nous venons de reproduire.

En certaines circonstances, — et celle-ci est du nombre, — l'analyste doit faire acte d'humilité et reconnaître son impuissance.

— Mère chérie, — dit Lionel avec simplicité, — vous m'aurez donné deux fois la vie!!...

Et ce furent de nouvelles étreintes et de nouvelles larmes, mais des larmes qui, maintenant, n'avaient plus d'amertune.

— Mon enfant, — reprit la comtesse après un silence, — cette jeune femme que tu aimes d'un si grand amour, et que je dois aimer aussi, que j'aimerai, j'en suis certaine, puisqu'elle sera ma fille, t'a donné le plus sage de tous les conseils... — Jusqu'au moment où deviendra possible le mariage que la loi défend aujourd'hui, madame Vogel et toi vous devez vivre éloignés l'un de l'autre... Si pénible que te semble ce sacrifice, les convenances l'exigent...

— Je n'ai point, je n'ai jamais eu la pensée de

m'y soustraire... — répliqua Lionel. — Je suis sûr de l'avenir... que me faut-il de plus?...

— Dis à ta fiancée, — continua madame de Rochegude, — qu'elle trouvera bientôt en moi, non point une marâtre subissant avec résignation une alliance imposée, mais une véritable mère lui tendant les bras, lui ouvrant son cœur, sans restriction, sans arrière-pensée... — Annonce-lui ma visite prochaine... — Je veux la voir... je veux qu'il me soit possible de lui donner, avec connaissance de cause, l'affection qu'elle mérite, car la passion ne saurait te rendre aveugle, et, si Valentine était moins parfaite, tu l'aimerais moins...

— Oh! ma mère, que vous êtes bonne! — s'écria Lionel ivre de joie.

— Je tâche d'être juste, et je t'aime, voilà tout... — répondit la comtesse, puis elle ajouta: — Quand ta fiancée saura les consolantes nouvelles que je te charge de lui porter, quitte Paris sans perdre une heure, pars aujourd'hui plutôt que demain, rejoins ton régiment et ne reviens que dans quelques mois... L'insouciance et l'oubli du monde auront accompli leur œuvre... le nom de Vogel aura perdu sa triste notoriété... — Les publications légales se feront à petit bruit... — Nous obtiendrons le silence des journaux... — Ton mariage sera célébré sans

pompe, à minuit, et aussitôt après la cérémonie nous partirons pour le Loiret avec ta jeune femme et nous passerons une année dans nos terres... — Quand nous reparaîtrons à Paris, nos amis, trouvant charmante la nouvelle madame de Rochegude, ne s'inquiéteront guère du nom qu'elle portait avant d'être comtesse... — Approuves-tu ces arrangements ?...

— Je les applaudis de toutes mes forces !... C'est votre tendresse qui vous les inspire...

— Eh bien ! embrasse-moi encore... — Retourne rue de Babylone... Reviens me dire adieu, et pars...

— Le train express de huit heures cinq minutes m'emportera ce soir...

. . . .

Nous ne raconterons point le court entretien de Lionel et de Valentine.

Nos lecteurs suppléeront à notre silence, et devineront sans peine ce qui fut dit entre l'officier de hussards et la veuve du caissier.

Lionel tint la parole donnée et partit le soir même.

La semaine suivante il recevait de sa mère une lettre contenant ces lignes :

« *Cher enfant, j'ai vu Valentine... — Je l'aime de toute mon âme et tu as bien raison de l'aimer : — C'est un ange !!...* »

XLIX

Quatre mois après le départ de Lionel, Valentine mit au monde un fils.

Madame de Rochegude, qui s'était prise pour sa future belle-fille de la plus tendre affection, avait voulu s'installer à l'hôtel de la rue de Babylone quelques jours avant l'époque présumée de l'accouchement, afin de prodiguer à Valentine des soins maternels quand arriverait le moment terrible.

Ce moment venu, madame Vogel se montra courageuse et forte.

L'accoucheur déclara qu'il n'avait jamais assisté de jeune mère plus vaillante; la comtesse reçut dans ses bras le fils du caissier et ne put s'empêcher de pousser un soupir en embrassant la chétive créature.

Les circonstances ne permettaient point à madame Vogel de nourrir elle-même son enfant.

Une plantureuse Normande de vingt-cinq ans, expédiée tout exprès du pays de Caux, fut chargée de la suppléer.

Le notaire Chatelet consentit à être parrain en compagnie de la petite Claire, toute fière de se voir marraine.

Le nouveau-né reçut au baptême le nom d'Armand.

Une correspondance suivie était engagée entre Lionel et Valentine.

Trois fois par semaine ils échangaient des lettres où leur cœur débordait, et tous les matins, chacun de leur côté, ils effaçaient un jour sur le calendrier, et il leur semblait rapprocher ainsi l'heure ardemment souhaitée de la réunion.

Enfin, dix mois environ après la nuit terrible du Bas-Meudon, le rêve d'amour des deux fiancés reçut la double consécration de la religion et de la loi.

Lionel et Valentine furent unis devant Dieu et devant les hommes.

Les sages conseils de la comtesse douairière avaient été suivis de point en point.

Les publications s'étaient faites sans bruit.

Immédiatement après la bénédiction nuptiale, donnée à minuit dans la chapelle des Missions Etrangères, le jeune couple, montant dans une berline aux armes des Rochegude et des Cernay, avait pris le chemin du château de Rochegude, voisin d'Orléans.

Depuis que les voies ferrées sillonnent la France, le service de la poste aux chevaux est devenu à peu-près illusoire.

Des relais appartenant à Lionel et à sa mère, et placés à des distances égales, avaient permis à la berline de brûler les cent trente kilomètres séparant Paris de Rochetaille.

Deux jours plus tard madame de Rochegude, accompagnant Claire et la nourrice, était arrivée par le chemin de fer.

La lune de miel des nouveaux époux tenait toutes ses promesses...

*
* *

Franchissons un intervalle de dix ans.

Au mois de novembre 1869, le gérant du Grand-Hôtel reçut d'un de ses collègues de Cologne une dépêche le priant de tenir un appartement de trois pièces à la disposition d'un personnage considérable, le comte d'Angélis, devant arriver à Paris le même jour par le train de neuf heures du soir, avec son valet de chambre.

A dix heures moins un quart, un fiacre chargé de malles faisait son entrée dans la cour du grand caravansérail parisien.

Un domestique à cheveux d'un blond pâle et à favoris couleur de lin, se trouvait sur le siége, à côté du cocher.

Il quitta ce poste sans se hâter, avec une gravité tudesque, et respectueusement ouvrit la portière du fiacre.

Le maître descendit de voiture.

Un employé de la maison s'avança.

— Monsieur est-il attendu? — demanda-t-il.

— Oui... je le crois du moins... — répondit le nouveau venu avec un notable accent allemand. — Vous avez dû recevoir une dépêche.

— A qui ai-je l'honneur de parler?...

— Je suis le comte d'Angélis...

— Parfaitement, monsieur le comte... — L'appartement est prêt... — Le feu est allumé... — Monsieur le comte veut-il me suivre? — Le valet de chambre surveillera le transport des bagages...

— Je vous préviens que mon domestique ne sait pas un mot de français...

— Ça ne fait rien du tout... — Ici nous parlons toutes les langues... — Monsieur le comte soupera-t-il?

— Très-légèrement... je suis fatigué... — Faites-moi monter un bouillon, un perdreau froid et une bouteille de vin de Champagne... cela suffira...

Un feu clair pétillait dans le salon du petit appartement destiné au voyageur annoncé par dépêche. Deux bougies brûlaient sur la cheminée, faisant miroiter les rideaux de lampas d'un rouge vif.

Le nouveau venu franchit le seuil.

— Monsieur le comte trouve-t-il cette installation suffisante?... — demanda l'employé.

— Je la trouve parfaite... — Je ne suis pas exigeant.

— Monsieur le comte désire-t-il que son domestique loge près de lui?

— Essentiellement.

— Il y a dans l'antichambre un canapé-lit sur lequel ce garçon pourra coucher...

— C'est au mieux...

— Je vais envoyer le souper... — Si monsieur le comte a besoin de quelque chose, voilà le bouton de la sonnette électrique...

Le personnage dont nous venons de voir l'arrivée au Grand-Hôtel, et qui portait le nom du Poméranien assassiné au Bas-Meudon par Hermann Vogel et Charles Laurent, était un homme mince, assez grand, d'une apparence distinguée mais vaguement inquiétante, et d'un âge indéfinissable.

Il pouvait n'avoir que trente-six ou trente-huit ans. — Il pouvait en avoir plus de cinquante.

Ses cheveux jadis dorés, maintenant presque blancs, laissaient à découvert tout le sommet du crâne, et tombaient sur le cou en mèches frisottantes, rejetées derrière les oreilles.

Des fils d'argent nombreux se mêlaient aux longs favoris et à la barbe taillée en éventail, autrefois d'un blond rutilant.

Les tempes étaient rayées de petites rides innombrables qui se retrouvaient, plus pressées encore et plus profondes, à l'angle des paupières.

Un large cercle d'une teinte bleuâtre entourait les yeux, presque toujours cachés sous les doubles verres d'un pince-nez.

Quand par hasard M. d'Angélis ôtait ce binocle, ses prunelles couleur d'acier étonnaient par leur rigidité métallique et par l'acuïté presque insoutenable du regard qui s'en échappait. — L'ensemble de la figure restait jeune à distance; de près les détails la vieillissaient beaucoup.

La tenue de voyage du comte était celle d'un homme riche.

Sa grande pelisse, doublée et garnie de fourrures précieuses, valait une somme importante.

Une toque de fourrure semblable protégeait son

crâne dépouillé et pouvait au besoin se rabattre sur les oreilles.

Les hautes bottes molles, également fourrées, montaient jusqu'aux genoux par-dessus le pantalon.

La pelisse entr'ouverte laissait voir un veston de velours noir, un gilet pareil, une cravate longue d'un vert d'émeraude attachée par une épingle à tête de diamant, une lourde chaîne de montre curieusement travaillée, et la courroie d'un sac de voyage en maroquin rouge à garniture d'argent porté en bandouillère.

Le comte d'Angélis, resté seul dans le petit salon, se débarrassa de sa toque, de son pardessus, laissa tomber son binocle, passa dans ses mèches grisonnantes les dents d'un peigne d'écaille qu'il tira de sa poche, et, se plaçant entre les deux bougies, se regarda dans la glace.

Après une demi-minute d'examen attentif, il sourit et se frotta les mains joyeusement.

Ce geste et ce sourire témoignaient-ils, chez le voyageur, d'un excessif contentement de sa personne?...

L'expression générale de la physionomie donnait un démenti à une supposition de ce genre.

A coup sûr M. d'Angélis était satisfait de son visage, mais à coup sûr aussi ce n'était pas au point de vue de la pureté des lignes et de la séduisante pâleur du teint.

L'étranger devait avoir un médiocre souci des conquêtes galantes; — il ne songeait nullement à plaire en étudiant sa figure, et la preuve c'est qu'il murmura presque à voix basse :

— Méconnaissable, ma parole d'honneur! — Oui, tout à fait méconnaissable... — Le plus malin y serait pris!!...

L

M. d'Angélis achevait ce court monologue lorsque son domestique arriva, escorté des garçons de l'hôtel portant les bagages.

Malles et valises, munies des plombs de la douane, furent placées en bon ordre dans la chambre à coucher.

— Fritz, — fit le comte en allemand, — vous avez pris soin de vérifier le nombre des colis? — Tout est bien là?

— Ya Herr Graf... — répondit Fritz.

Les garçons se retirèrent.

L'étranger resta seul avec son valet.

Ce dernier, nous l'avons dit, avait les cheveux et les favoris d'un blond tirant sur le jaune, mais sa figure pâle et fatiguée n'offrait aucun des caractères facilement reconnaissables du type germanique.

Aussitôt que les gens du Grand-Hôtel eurent quitté la chambre, la physionomie solennelle, l'allure compassée, l'air endormi de Fritz, disparurent comme par enchantement ; il se dirigea vers la porte d'un pas leste, fit tourner deux fois la clef dans la serrure, revint s'installer sans façon dans un fauteuil — (ce dont le comte ne parut ni scandalisé, ni même surpris) — et dit d'un ton maussade, mais en français cette fois :

— Pourquoi diable, mon cher, avez-vous raconté tout à l'heure à cette façon de majordome que je ne parlais et ne comprenais que l'allemand?... — Ce sera très-gênant pour moi qui n'ai pas du tout le don des langues!!... — Malgré mes efforts et les vôtres, vous le savez bien, je n'ai pu m'assimiler qu'un baragouin tudesque de haute fantaisie, n'offrant avec le pur idiome de Schiller et de Gœthe, que des rapports vagues et lointains...

— Je sais cela, en effet... — répondit le comte.

— Eh bien, alors?...

— Eh bien! mon cher, j'ai fait en sorte de vous éviter des conversations embarrassantes et périlleuses... — Les polyglottes de l'hôtel, soyez-en convaincu, ne parlent pas un allemand plus correct que le vôtre... — S'ils tentent de causer avec vous, et s'ils vous comprennent mal ou pas du tout, ils croiront certainement que c'est leur faute et non la vôtre... Vous passerez pour taciturne et vous ferez du monosyllabe un usage assidu... — En vous voyant si revêche et si peu communicatif, on ne songera pas à vous questionner sur mon compte ; c'est ce qu'il faut!... — Il était d'ailleurs utile et même indispensable qu'on ne vous entendît point parler français.

— Pourquoi donc?

— Parce qu'en dépit de votre long séjour en Allemagne, vous n'avez pu vous défaire de l'accent parisien et d'une sorte de grasseyement qui trahissent votre nationalité à première audition... — Il ne suffit pas de modifier avec une teinture anglaise la nuance de ses cheveux et de ses favoris, mon très-cher... il faut encore, quand on se pose en étranger, se bien garder de laisser voir le bout de l'oreille du Français, ce qui semblerait à bon droit éminemment suspect... — Ai-je raison, oui ou non?...

— Vous avez raison, j'en conviens... seulement tout cela est fort ennuyeux...

— Ennuyeux, soit! mais inévitable...

— Sans compter, — reprit le prétendu Fritz, — que mon rôle de valet de chambre me place vis-à-vis de vous dans une situation d'apparente infériorité peu flatteuse pour mon amour-propre...

— Que vous importe cette apparence puisque dans le tête-à-tête l'égalité se rétablit?... — Vous n'êtes astreint, d'ailleurs, qu'à un simulacre de service...

— Ah! parbleu, je voudrais bien voir qu'il en fût autrement!! — Je n'ai pas du tout la vocation de cirer vos bottes... — Je suppose qu'on ne va point m'envoyer coucher aux mansardes...

— J'ai prévu le cas... — Vous avez, dans l'antichambre, un canapé-lit très-confortable...

— Va pour l'antichambre.... — Et mes repas?... — Où prendrai-je mes repas?

— Où bon vous semblera... — Tous les restaurants de Paris sont à votre disposition, et ce soir, pour vous éviter de sortir, vous partagerez sans façon mon modeste souper.

— Fort bien, mais il fallait alors commander deux perdreaux et deux bouteilles de vin de Champagne...

— Cela n'eût point paru vraisemblable...

— Je regrette fort, je vous assure, d'avoir accepté bénévolement l'emploi que je tiens auprès de vous... — Ce rôle me déplaît au delà du possible...

M. d'Angélis haussa les épaules.

— Ma parole d'honneur, — répliqua-t-il, — je ne vous reconnais plus!... — Jadis vous aviez de la décision, de l'énergie, une intelligence toujours en éveil... — Dix années d'exil et de vicissitudes, dix années noires pendant lesquelles notre étoile a rarement brillé, ont fait de vous un homme impossible... — Tout vous inquiète, tout vous choque, tout vous formalise... — Vous ne savez plus rien prévoir et plus rien calculer. — Pouvions-nous reparaître à Paris, je vous le demande, moi sous le nom d'Hermann Vogel, baron de Précy, vous sous celui de Charles Laurent, comte de Lorbac? — Le passé y mettait bon ordre !... — Nous bénéficions, me direz-vous, de la prescription décennale... — Pour ma part, j'y compte bien ; mais avant de chanter victoire nous devons nous informer... — Nous ignorons si des poursuites faites contre nous, à notre insu, n'empêchent pas la prescription de courir?... — Il faut savoir... — Est-ce vrai ?...

— C'est vrai... — murmura Charles Laurent en poussant un soupir.

— A l'époque où vous étiez ingénieux, — reprit Hermann, — vous m'avez donné l'idée triomphante d'entrer tout vif dans la peau du comte d'Angélis mort et enterré au Bas-Meudon sous le nom de Vogel... — Je l'ai fait, et présentement tous les piliers des tripots d'Allemagne, et même quelques dupes honorables, affirmeraient sous la foi du serment que je suis le Poméranien en chair et en os, et qu'ils me connaissent depuis dix ans... — Est-ce encore vrai?

— Je ne conteste pas...

— Or, — continua l'ex-caissier, — le comte d'Angélis revenant à Paris, d'où il est parti jadis de façon brusque et bizarre, doit avoir tout au moins un valet de chambre attaché à sa personne, à défaut d'une suite plus nombreuse... — Pouvais-je ne pas vous offrir ce rôle qui vous met à l'abri du soupçon et même de la curiosité... — Si vous n'étiez Fritz, mon valet, avec quel nom et à quel titre seriez-vous ici?... — Vous ne répondez pas.... — Donc les choses sont pour le mieux... — Est-ce toujours vrai?...

— Toujours...

— Bravo!... voilà de la bonne foi!... — Redevenez donc mon collaborateur de jadis, perspicace et hardi... — Que les temps sont changés!... Vous m'éperonniez alors, et c'est moi qui vous éperonne aujourd'hui. — Soyez homme de décision et ne récriminez plus contre une nécessité qui, d'ailleurs, sera courte...—Aussitôt nos renseignements complets, aussitôt la certitude acquise qu'aucun danger rétroactif ne peut nous atteindre, vous reprendrez les apparences d'une situation plus conforme à vos instincts vaniteux... rien ne vous empêchera même, si le cœur vous en dit, de ne pas attacher davantage votre fortune à la mienne et de vous séparer de moi...

Charles Laurent fit un haut-le-corps.

— Me séparer de vous !! — répéta-t-il, — me séparer de vous au moment où vous vous rapprochez de votre femme légitime, ou plutôt de ses millions... car elle a des millions, votre femme légitime !!... — Oh ! que non pas, cher ami, jamais de la vie !!... — Je me cramponne à vous ! Je fais ma destinée de votre destinée !... — Nous avons partagé la détresse, nous avons vécu des mêmes expédients, nous avons ensemble ébréché nos dents sur le même morceau de pain dur !... — Nous partagerons la fortune si les millions arrivent !... — Comment arriveront-ils ? je n'en sais rien, et ne le comprends guère, car étant mort indiscutablement vous me faites un peu l'effet de n'avoir rien à réclamer ; mais enfin ils peuvent venir, je crois qu'ils viendront, et j'en veux ma part...

Le pseudo-Fritz aurait frissonné s'il avait vu quel mauvais sourire crispait en ce moment les lèvres d'Hermann Vogel et quel feu brillait sous ses paupières, mais tout à son idée, tout à ses convoitises incessantes qu'il avait peur de ne point assouvir, il ne vit rien.

— Ne craignez quoi que ce soit, très-cher, — répondit le premier mari de Valentine. — Je suis un homme d'honneur, un allié loyal, et vos convictions sont les miennes... Oui, quand on a partagé pendant dix ans les rafales, la grêle et la neige, on doit, lorsque le soleil brille, en partager aussi les rayons...

— Bien parlé, mon excellent bon! — s'écria Charles Laurent avec enthousiasme. — Vous êtes positivement le parangon des amis sincères!!... — Je n'ai d'ailleurs jamais douté de vous!... — Votre main...

— La voici....

Et les deux gredins fraternisèrent affectueusement.

A cette minute précise on frappa doucement à la porte.

— Fritz, allez ouvrir... — commanda Vogel en allemand.

— Ya Herr Graf... — répliqua le prétendu serviteur, en reprenant une physionomie phlegmatique.

Un maître d'hôtel apparut, portant le souper.

— Je me sens plus d'appétit que je ne croyais d'abord... — dit Hermann. — Décidément le menu est maigre!... Joignez-y, je vous prie, un demi-poulet froid et une bouteille de vin de Bordeaux...

Charles Laurent, à qui ce supplément de vivres

était destiné, témoigna sa reconnaissance à Vogel en lui lançant un regard attendri.

Graf von Angelis poursuivit :

— Inutile de vous déranger ensuite... mon valet de chambre me servira...

LI

Un quart d'heure plus tard le maître et le valet, attablés à huis clos, fraternisaient le verre en main et portaient des toasts à la prompte réussite de leurs projets d'avenir.

Le lendemain, vers midi, après un déjeuner plantureux servi dans son petit salon, Hermann Vogel donna des soins particuliers à sa toilette, chaussa des bottines éblouissantes, fixa sur sa cravate longue de couleur bleu saphir une épingle à couronne comtale, ornée de neuf petites perles, revêtit un pantalon gris poussière, un gilet blanc, une redingote noire étroitement ajustée dont la boutonnière étalait certaine rosette multicolore rivalisant d'ampleur et d'éclat avec celle que le pseudo-Lorbac arborait triomphalement autrefois.

Il endossa sur ce costume une pelisse de nuance tendre et de coupe allemande. — Il s'assura qu'un second exemplaire de la rosette multicolore fleurissait au revers gauche de cette pelisse; il mit dans l'une de ses poches un portefeuille armorié et divers autres objets, puis, ganté de gris, coiffé d'un chapeau de soie très-brillant mais d'une mode exotique, et tenant de la main droite un jonc à pomme d'or incrustée de turquoises, il quitta son appartement, gagna le boulevard et se dirigea vers la rue de Choiseul.

Le cachet tout particulier de sa tenue, élégante d'ailleurs, le faisait reconnaître du premier coup d'œil pour un riche étranger venant, comme le légendaire baron de Gondremarck, mener à Paris joyeuse vie.

Arrivé rue de Choiseul en face du numéro 24, il fit halte sur le trottoir et parut hésiter.

Mais son indécision ne dura que quelques secondes.

Il entra dans la maison et demanda au concierge, avec un accent tudesque fortement prononcé :

— M. le notaire Chatelet est-il chez lui?...

— M. Chatelet a vendu son étude depuis cinq ans, — répondit le concierge. — Son successeur s'appelle M. Barrois d'Arcet. — Si vous avez affaire à l'étude, vous pouvez monter... Si c'est M. Chatelet personnellement que vous voulez voir, ça sera plus difficile...

— Pourquoi donc? — J'espère bien qu'il n'est pas mort?...

— Non, monsieur, il n'est pas mort, mais il avait, paraît-il, le goût des voyages, et, n'ayant pu le passer dans sa jeunesse, il le passe à présent... — il est en Italie...

— J'aurais souhaité m'entretenir avec lui, mais sans doute son successeur pourra le suppléer...

— Montez alors... — L'étude n'a point changé de place et M. Barrois d'Arcet est là haut.

Hermann gravit l'escalier, ouvrit la porte du premier étage, entra dans l'étude, et retrouva toutes choses —(sauf les figures des clercs) — exactement pareilles à ce qu'elles étaient dix années auparavant.

Le dialogue lui-même fut presque identique.

Vogel demanda Me Barrois d'Arcet et reçut cette réponse.

— Le patron est occupé, mais le principal est là.

Ce principal se mit aux ordres du nouveau venu.

— Je désirerais parler au notaire en personne... — répliqua l'ex-caissier, — il s'agit d'une affaire confidentielle...

— Très bien, monsieur... — Voulez-vous me donner votre carte?

Vogel exhiba le portefeuille armorié, il y prit un carré de carton porcelaine portant, au-dessous d'un écusson timbré de la couronne de comte, ce titre et ce nom :

« GRAF VON ANGÉLIS. »

Il écrivit au crayon ces trois mots : *Paris. — Grand-Hôtel,* et il tendit la carte au maître clerc qui, après l'avoir regardée curieusement, répondit :

— Je vais la porter au patron... — Il vous recevra dès qu'il sera libre, et je crois que ça ne tardera guère...

Au bout de cinq minutes, en effet, on vint prévenir le visiteur que le *patron* l'attendait dans son cabinet.

Me Barrois d'Arcet avait acheté le mobilier de ce cabinet avec l'étude.

Hermann reconnut les tableaux, les bronzes, les objets d'art qu'il connaissait déjà, mais le nouveau notaire semblait l'antithèse vivante de son prédécesseur.

Chatelet était un gentleman correct, fort beau garçon et d'une élégance recherchée quoique sévère.

Barrois d'Arcet, petit homme malingre à l'air sérieux et formaliste, paraissait prendre un médiocre souci de sa personne et de sa toilette.

Il atteignait à peine sa quarante-cinquième année,

mais une calvitie presque complète le faisait paraître beaucoup moins jeune.

Après avoir salué, il indiqua du geste le vaste fauteuil dans lequel, dix ans plustôt, Vogel avait pris place, et jetant les yeux sur la carte qu'il tenait à la main, il dit :

— C'est à monsieur le comte d'Angélis que j'ai l'honneur de parler ?...

— Oui, monsieur...

— Je suis certain, monsieur le comte, que votre nom ne m'est point inconnu, mais il m'est impossible de me rappeler en quelles circonstances il a frappé mes oreilles ou mes yeux...

— Je vais venir en aide à votre mémoire, monsieur... — J'avais des relations suivies avec votre prédécesseur, Me Chatelet... — Absent de Paris depuis longtemps, j'y suis revenu hier au soir, et tout à l'heure, en me présentant ici, j'ignorais que Me Chatelet eût cessé d'être titulaire de cette étude... — Vous avez certainement trouvé mon nom dans les notes de votre prédécesseur...

— Rien de plus probable en effet... — Permettez-moi de vous demander, monsieur le comte, à quel motif je dois attribuer l'honneur de votre visite, et d'ajouter que vous me trouverez tout à votre disposition, dans la mesure du possible ?...

— Le motif de ma visite est bien simple... — Pendant mon séjour à Paris j'ai confié à Me Chatelet un dépôt que je viens réclamer aujourd'hui...

Me Barrois d'Arcet prit une physionomie de plus en plus grave.

— Vous ne sauriez voir une défiance injurieuse, monsieur le comte, — fit-il, — dans certaines précautions qui me sont imposées par le devoir professionnel... — La délicatesse de mes fonctions me commande une extrême réserve... — Vous comprenez cela ?...

— Parfaitement bien, et je m'étonnerais qu'il n'en fût point ainsi.

Le notaire salua.

— De quelle nature est ce dépôt? — reprit-il. — S'agit-il d'espèces ou de bijoux précieux?

— Pas du tout... — C'est un petit paquet sous enveloppe scellée de cinq cachets à mes armes et contre-signée par moi.

— Mon prédécesseur connaissait-il le contenu de cette enveloppe?

— Il savait seulement qu'elle renfermait des papiers de grande importance...

— Quelle est la date du dépôt?

Vogel consulta une lettre tirée de son portefeuille et répliqua :

— Le 4 avril 1859.

— Fort bien...

Me Barrois d'Arcet se leva, prit dans un casier fermant à clef un volume in-quarto relié en basane verte avec des coins et des fermoirs de cuivre.

Il posa ce volume sur son bureau, le feuilleta pendant quelques secondes et dit :

— Nous y voilà...

Puis il lut à haute voix :

« *Le 4 avril* 1859, *reçu en dépôt de M. le comte d'Angélis, gentilhomme Poméranien, demeurant en ce moment à Paris, rue Basse-du-Rempart*, n° ***, *un petit paquet scellé de cinq cachets de cire rouge à ses armes, et contre-signé par lui sur l'enveloppe. — Je ne dois rendre ce paquet qu'à lui-même. — Remis au comte une déclaration du dépôt, à la date d'aujourd'hui.* »

— Vous voyez, monsieur, que tout est bien en règle... — fit Hermann.

— Il y a en marge une note à l'encre rouge... — reprit le notaire.

— Une note? — répéta le prétendu comte avec un peu d'inquiétude.

— Oui... — Je vais vous en donner lecture : — » *Le* 20 *avril de la même année, M. d'Angélis a disparu, abandonnant ses effets personnels dans le loge-*

» *ment garni qu'il occupait rue Basse-du-Rempart. —*
» *Les recherches faites par la police pour retrouver sa*
» *trace ont été sans résultat. — On ignore absolument ce*
» *qu'il est devenu, et depuis cette époque on n'a plus en-*
» *tendu parler de lui. — Le comte était un galant homme*
» *et n'avait pas de dettes, on ne peut donc supposer qu'il*
» *ait pris la fuite pour se soustraire à ses créanciers, ou*
» *pour éviter les conséquences d'une action coupable. —*
» *On ne saurait admettre davantage qu'il soit tombé*
» *victime de quelque guet-apens. — La police, mise en*
» *éveil, n'a signalé aucun assassinat commis soit à Paris,*
» *soit dans la banlieue, à la date de la disparition*
» *du comte. — Le mystère reste impénétrable. —*
» *M. d'Angélis seul, s'il reparaît jamais, pourrait en don-*
» *ner la clef, mais reparaîtra-t-il?* »

Le notaire s'arrêta.

— Est-ce tout? — demanda Vogel.

— C'est tout.

— Eh bien, monsieur, — reprit l'ex-caissier en souriant, — me voici, et j'apporte en effet la clef dont parle M. Chatelet dans sa note à l'encre rouge...

LII

Le notaire prit une physionomie attentive...

— Voici cette clef, — continua le prétendu comte d'Angélis, — et je suis fort surpris que votre prédécesseur Me Chatelet, qui était non-seulement un galant homme mais encore un homme galant, n'ait pas deviné le mot d'une énigme si simple...

La figure mince et parcheminée de M. Barrois d'Arcet exprima l'étonnement.

Vogel poursuivit :

— Il s'agissait d'une affaire de femme... — Vous comprenez, je pense?...

— Pas du tout...

— Je vais donc vous mettre les points sur les I. — Un mari jaloux, comme un tigre, et qui certainement avait le droit de l'être, découvrit par hasard l'asile coquet où je recevais sa femme quand ses affaires l'éloignaient de Paris... — C'était une petite villa située aux portes du bois de Boulogne... — Ce jaloux revint à l'improviste et mystérieusement, tandis qu'on le croyait bien loin. — Il arriva tout au milieu de la nuit, armé jusqu'aux dents, muni de doubles clefs qu'il avait trouvé moyen de se procurer, et, sans la résistance d'un verrou providentiel que j'avais eu l'heureuse inspiration de pousser la veille au soir, il nous aurait, ma foi, surpris en plein sommeil.

» Heureusement le verrou fut un obstacle assez solide pour arrêter un moment le brutal...

» Il nous criait à travers la porte qu'il allait tuer sa femme d'abord, et se battre ensuite avec moi...

» Ai-je besoin de vous affirmer que je n'avais pas peur?— Ah ! que j'eusse trouvé de plaisir à répondre sur le terrain, et l'épée à la main, aux rodomontades de ce quidam, à qui j'aurais fait beaucoup d'honneur en l'acceptant pour adversaire... Mais j'avais sur les bras une jeune femme éplorée, folle d'épouvante, se cramponnant à moi, et balbutiant : « *Vous m'avez perdue.* »

» La pauvre enfant courait un danger très-sérieux... — Il fallait donc la sauver à tout prix, et je tenais d'autant plus à la voir hors de péril que j'étais, ma parole, amoureux d'elle à en perdre la tête... — Or, pour une femme aimée, je suis d'avis qu'on peut accepter tous les sacrifices, même celui de son honneur... — Que pensez-vous de ce sentiment, monsieur?...

— J'en apprécie la délicatesse, — répliqua le notaire, — quoique l'amour qu'inspire et partage une femme en puissance de mari, soit d'une immoralité révoltante...

— Affaire d'appréciation... — dit Vogel en riant, et il poursuivit : J'abrége le récit de l'aventure... — Pendant que l'Othello furieux s'escrimait contre le verrou fidèle, j'entraînai par un escalier de service et par une porte dérobée ma tremblante amie et je gagnai Paris avec elle... — A cent pas de la barrière de l'Etoile un fiacre attardé passait... — Nous en primes possession, mais il me fut impossible de répondre au cocher s'informant du but de la course...

» Où aller en effet ?

» Ramener la jeune femme au domicile conjugal était impossible...

» Impossible de la conduire chez moi, le mari sachant où je demeurais et devant infailliblement venir me chercher à mon logis.

» Les hôtels garnis offraient un danger du même

genre, un peu moins immédiat, mais inévitable...

» Bref, la situation n'avait qu'une issue, celle-ci : — Passer la frontière sans retard !... — Une fois à l'étranger il deviendrait facile de cacher nos traces ; le mari ne nous suivrait pas, et, s'il nous suivait, nous aurions du moins quelque chance d'échapper à ses recherches...

» Mon parti fut pris aussitôt...

» Aucune affaire sérieuse ne me retenait à Paris...

» J'avais des billets de banque et des lettres de crédit dans mon portefeuille, donc rien de plus facile que de remédier à Bruxelles à l'absence complète de bagages.

» Nous passâmes le reste de la nuit en fiacre, réfléchissant chacun de notre côté aux péripéties désobligeantes qui résultent de la présence inattendue d'un mari en un lieu où il n'a que faire, et le premier train du matin nous emporta vers la Belgique...

» Je ne vous raconterai ni la suite, ni le dénouement de mes amours... — Ce récit n'aurait aucune chance de vous intéresser.

» Vous savez maintenant, monsieur, pourquoi j'ai disparu de façon si brusque et sans donner de mes nouvelles...

» Mieux valait abandonner divers objets de médiocre valeur, que d'écrire rue Basse-du-Rempart au propriétaire de mon appartement meublé... — Le mari farouche pouvait avoir mis dans ses intérêts ce propriétaire et obtenir de lui mon adresse à l'étranger...

» Je gardai donc un silence prudent et passai dix années sans reparaître à Paris et sans mettre les pieds en France...

» L'énigme, cher monsieur, vous semble-t-elle expliquée de façon suffisante?... »

— Assurément, — répondit Me Barrois.

— Alors revenons-en, s'il vous plaît, au dépôt que je vous réclame.

Le notaire toussa légèrement.

— Y aurait-il difficulté, par hasard? — demanda Vogel.

— Il n'y en aura point, monsieur le comte, quand vous m'aurez fait l'honneur de me communiquer une pièce quelconque attestant votre identité, pièce dont vraisemblablement vous êtes muni...

— Prévoyant votre requête... — (qui me semble fort naturelle) — j'ai apporté non pas une pièce, mais tout un dossier...

Et l'ex-caissier, exibant pour la seconde fois le portefeuille armorié, étala sous les yeux de Barrois d'Arcet une partie des papiers de famille volés rue Basse-du-Rempart dix ans auparavant, et de plus un passe-port de date toute récente au nom du comte d'Angélis.

— Cela suffira, je pense?... — dit-il.

— Beaucoup moins eût suffi de même... — Il s'agit d'une simple formalité... — répliqua le notaire en quittant son siége.

Il ouvrit une vaste caisse à combinaisons et à secret. Cette caisse, déguisée sous des panneaux d'ébène inscrustés de cuivre, offrait l'apparence d'un meuble artistique.

La massive porte d'acier, tournant sans bruit sur ses gonds, laissa voir des compartiments intérieurs remplis de paquets cachetés de toutes les dimensions auxquels attenaient de minces étiquettes de parchemin portant un numéro, un nom et une date.

C'étaient les dépôts et les testaments.

Ces divers objets se trouvant rangés dans leur ordre chronologique, et, chacun correspondant à un numéro inscrit sur le registre que Mᵉ Barrois consultait un quart d'heure auparavant, le recherches étaient faciles.

L'officier ministériel revint à son bureau au bout d'une ou deux minutes.

Il tenait à la main une épaisse et large enveloppe dont la vue fit tressaillir de joie le complice de Charles Laurent.

Cette enveloppe était en papier grisâtre très-fort.

Une ficelle rose en faisait deux fois le tour.

Cinq cachets de cire rouge la scellaient ainsi qu'une lettre chargée, et ne permettaient point de dénouer la ficelle, prise dans l'épaisseur de la cire.

Sur l'enveloppe on lisait ces mots :

« *Remis en dépôt à monsieur Chatelet, notaire, le 4 avril* 1859, *par moi comte d'Angélis.* »

Puis la signature du Poméranien et son paraphe.

— Constatez, monsieur, je vous prie, — dit le notaire, — en quel état se trouve le dépôt... — Les cinq empreintes de vos armes sont absolument intactes...

— Je le constate, — répondit Vogel ; puis, tirant de sa poche un objet qu'il présenta à M. Barrois, il ajouta : — Et voilà le cachet avec lequel j'ai fait ces empreintes...

— Il ne vous reste plus, monsieur le comte, — reprit l'officier ministriel, — qu'à me remettre le récépissé de mon prédécesseur et à me donner reçu pour ma décharge personnelle.

— Voici la déclaration de Me Chatelet : — Quant au reçu, je vous prie de vouloir bien m'en dicter la teneur... — Je vais écrire...

Le notaire dicta.

Hermann Vogel, sous la direction de Charles Laurent, avait *travaillé* l'écriture et la signature du comte d'Angélis et fait des progrès rapides grâce à ses aptitudes personnelles, et surtout grâce au talent de son professeur.

Il écrivit, il signa et parapha d'une main ferme, sans la moindre hésitation, et les *experts assermentés près les cours et tribunaux* — (pour employer le langage du légendaire M. Prud'homme) — auraient eu peine à soupçonner le faux, si même ils n'en avaient catégoriquement nié l'existence.

— Monsieur le comte, — dit alors Barrois d'Arcet en serrant le reçu, — je vous restitue votre dépôt et je suis heureux et fier d'avoir eu l'honneur de faire votre connaissance aujourd'hui...

Hermann Vogel glissa l'enveloppe dans sa poche de côté, remercia le notaire par une phrase polie, et quitta l'étude où rien ne le retenait plus.

LIII

Hermann Vogel, enchanté d'un premier succès qui lui semblait d'heureux augure, regagna rapidement le Grand-Hôtel...

Il avait hâte de savoir si les résultats matériels de la partie hasardeuse, jouée et gagnée si habilement, étaient proportionnés à la hardiesse et au talent de comédien déployés par lui.

— Avez-vous vu mon valet de chambre? — demanda-t-il au garçon de service qui lui remit la clef de son appartement.

— Non, monsieur le comte... — répondit l'employé. — Peut-être est-il en haut, mais je n'en sais rien...

L'ex-caissier monta au second étage, ouvrit sa

porte, poussa le verrou derrière lui afin d'éviter toute surprise, traversa le salon, entra dans la chambre à coucher, puis, se laissant tomber sur un large fauteuil placé au pied du lit, tira de sa poche le petit paquet et un canif, et se mit en devoir de couper la ficelle et de fendre l'enveloppe.

Cette enveloppe en renfermait trois autres, d'épaisseurs inégales et simplement fermées avec de la gomme.

Le faux comte d'Angélis ouvrit la plus mince.

Elle contenait une dizaine de lettres de crédit sur diverses maisons de banque d'Europe et d'Amérique.

Ces lettres, — représentant des sommes importantes — avaient été remises au Poméranien, en 1859, par un des principaux banquiers de Berlin.

Hermann fronça le sourcil.

Pour la seconde fois de sa vie il avait dans les mains une fortune, et — (comme à l'époque du testament de Maurice Villars) — sa mauvaise étoile ne lui permettait pas d'en prendre possession.

En effet, des lettres de crédit dont on n'a point fait usage pendant un laps de dix ans sont plus que périmées...

Comment, d'ailleurs, faire comprendre à des gens d'argent qu'on ait omis d'une façon si persistante de toucher des capitaux rendus fatalement improductifs par leur inaction?

S'adresser directement au banquier de Berlin lui-même serait un acte tout à la fois imprudent et dangereux.

Peut-être ce banquier, jadis, avait-il connu le comte d'une façon particulière, et dans ce cas il ne serait point dupe d'une vague ressemblance, suffisante tout au plus pour tromper à première vue des indifférents n'ayant fait autrefois que rencontrer le Poméranien.

Hermann, à aucun prix, ne voulait risquer de s'entendre dire :

— Vous n'êtes pas M. d'Angélis, et vous essayez de prendre sa place !! — Où donc est-il et qu'avez-vous fait de lui?...

Le premier mari de Valentine soupira, mit de côté les lettres de crédit, et d'un coup de canif éventra la deuxième enveloppe, agréablement rebondie.

Il eut quelque peine à retenir un cri de joie en la voyant pleine de billets de banque, tous de mille francs.

D'une main fiévreuse il fit glisser ces billets l'un sur l'autre en les comptant.

— Quarante!! — murmura-t-il assez bas, mais

de façon distincte, en se parlant à lui-même. — Il y en a quarante!! — C'est une obole à côté de ce que je rêve, mais enfin cette obole me permettra d'attendre...

Il avait à peine achevé qu'un tressaillement de surprise et d'effroi secoua son corps.

Une voix moqueuse disait derrière lui :

— Pardon, cher ami, vous employez fort mal à propos le singulier au lieu du pluriel!! — Cette obole qui *nous* permettra d'attendre la réalisation de *nos* rêves, est à moi comme à vous. — Part à deux, mon très-bon!!

Hermann se retourna d'un mouvement brusque.

Fritz, ou plutôt le pseudo-Lorbac, enveloppé jusqu'à ce moment dans les rideaux du lit, venait d'en sortir, et sa face pâle et cynique, encadrée de favoris teints, se détachait de façon bizarre sur le fond rouge du lampas.

— Vous étiez là! — fit Vogel stupéfait.

— Comme vous voyez...

— Pour espionner mes actions?..

— Parbleu!!...

— Vous défiez-vous de moi, par hasard?

— Infiniment, mon cher.

— Vous connaissez pourtant mon amitié pour vous!!

— Dans l'univers entier, vous n'aimez que vous-même! Vous êtes l'ange de l'égoïsme!... La main sur la conscience, entre nous, si je n'avais été là tout à l'heure, auriez-vous songé seulement à me donner mes vingt mille francs...

Hermann se cabra.

— Vos vingt-mille francs! — répéta-t-il.

— Sans doute.

— Vous n'y avez pas le moindre droit!!

— Ah bah! croyez-vous cela?

— Ils sont au comte d'Angélis, et le comte c'est moi...

Charles Laurent haussa les épaules.

— Vous êtes oublieux! — fit-il. — Est-ce que le comte d'Angélis existerait si je n'avais pris la peine de vous fourrer dans la peau du mort?... Est-ce que sans mes leçons vous auriez été capable de donner une signature assez vraisemblable pour tromper le notaire?... — Je devrais réclamer les trois quarts, mais je suis coulant en affaires, je me contente de la moitié!... Allons, mon excellent ami, exécutez-vous de bonne grâce...

Vogel poussa un second soupir et compta vingt billets de banque à son prétendu valet de chambre.

— Grand merci! — dit ce dernier. — Explorons un peu maintenant la dernière enveloppe et divisons son contenu en deux parts bien égales...

— Quoi, vous voulez... — commença Vogel... — Vous prétendez encore...

— Encore et toujours!... — interrompit le ci-devant Lorbac, — je vous l'ai dit hier et je vous le répète : Je me cramponne à vous. — Entre nous tout sera commun... — Nous avons partagé la *débine*, nous partagerons la fortune!... Voilà mon dernier mot...

Il n'y avait rien à répondre, sous peine de provoquer une discussion bruyante et compromettante, dans laquelle d'ailleurs le faussaire émérite aurait certainement conservé l'avantage...

En conséquence Hermann se résigna, et, poussant un troisième soupir, fendit la troisième enveloppe.

— Mauvaise affaire!! — s'écria Charles Laurent avec un rire qui sonnait faux. — Nous sommes volés comme dans un bois!! — Je vous laisse tout de grand cœur et ne réclame rien!!

L'enveloppe ne renfermait que des lettres de femmes, des photographies érotiques, et des mèches de cheveux de diverses nuances.

Ces reliques d'amour de l'homme assassiné par les deux complices furent immédiatement jetées au feu où elles se tordirent, se consumèrent et disparurent, comme avait disparu le Poméranien.

— Maintenant, — reprit l'ex-Lorbac, — une question...

— Faites.

— Avez-vous découvert ce qu'est devenue madame Vogel?...

— Assurément non!!... — Je n'ai même interrogé personne à ce sujet...

— Quand commencerez-vous vos recherches?...

— Aujourd'hui même...

— Et, par où?

— Par le Bas-Meudon...

— Il est peu vraisemblable que votre femme, se croyant votre veuve, soit restée dans une maison où son mari s'est brûlé la cervelle...

— Je suis certain, comme vous, qu'elle a dû la quitter au plus vite, mais on pourra sans doute me dire où elle est allée en abandonnant cette maison, et, de proche en proche, de logis en logis, je suivrai sa trace. — Que je tienne seulement le bout du fil conducteur et je me charge d'arriver vite au but...

— Bonne chance, alors, et prompte réussite... Depuis que je suis au monde j'ai juré d'être millionnaire, et je ne puis compter que sur vous pour m'aider à tenir parole...

Hermann fronça le sourcil comme il le faisait chaque fois que Charles Laurent exprimait la volonté erme de prendre la moitié des trois millions de Valentine, si jamais ces millions tombaient aux mains de son associé.

Mais il ne dit rien et, quittant de nouveau le Grand-Hôtel, il se dirigea vers le chemin de fer de la rue Saint-Lazare.

LIV

Hermann Vogel, arrivé au Bas-Meudon, suivit la berge de la Seine en fumant un cigare.

Il retrouvait toutes les choses, sur sa route, dans l'état où il les avait vues dix ans auparavant, mais une déception l'attendait au but de sa course.

A travers les barreaux rouillés de la grille si souvent franchie par lui jadis, il aperçut le clos encombré de hautes herbes desséchées, témoignages non équivoques d'un abandon complet.

Le pavillon qu'occupait autrefois le jardinier Lambert avait sa porte et ses volets fermés, et son toit menaçait ruine.

A la grille pendait un écriteau collé sur une planchette, et portant ces mots imprimés en grosses lettres :

MAISON MEUBLÉE A LOUER

AVEC VASTE JARDIN

S'adresser...

Le reste, écrit à la main et délavé par les pluies, était devenu illisible.

L'ex-caissier saisit la chaînette de cette cloche qu'il avait entendue retentir autrefois dans un moment terrible, et la mit en branle.

Le bruit se perdit au loin, n'éveillant qu'un plaintif écho.

Personne ne répondit à l'appel.

La maison était déserte.

— Diable! — se dit Hermann, — Le fil d'Ariane me manque au début de mes recherches! — Ce sera peu commode!!...

Il revint sur ses pas.

L'habitation la plus proche se trouvait, nous le savons, à une distance d'au moins deux cents mètres.

Elle était occupée par un de ces blanchisseurs de gros qui viennent deux fois par semaine à Paris prendre le linge de leurs pratiques et le rapporter.

Vogel se souvint du nom inscrit sur l'enseigne. — Ce nom n'avait point changé, donc le blanchisseur, demeurant en cet endroit depuis longues années, pouvait savoir quelque chose.

Justement le patron de l'établissement, gros homme à figure large et joviale, se trouvait sur le seuil de sa demeure.

Hermann l'aborda.

— Monsieur, — lui dit-il, — peut-être vous serait-il possible de me renseigner?...

— Ma foi, si ça se peut, je ne demande pas mieux... — répliqua le gros homme en riant.

— Il y a là-bas une maison meublée à louer, avec un jardin... — reprit Hermann en étendant la main dans la direction de l'immeuble dont il parlait.

— Oui, monsieur... — Est-ce que vous auriez dans l'idée que ça pourrait vous convenir?...

— Peut-être, mais d'abord il faudrait visiter, et l'écriteau n'indique point la manière de s'y prendre. — Savez-vous l'adresse du propriétaire!...

— Ma foi, non... — Je sais que c'est un monsieur de Paris qui fait des affaires, voilà tout, et, saperlipopette, il en a fait une bien mauvaise en achetant ici...

— Pourquoi donc?

— Parce que je parierais cent sous contre deux liards qu'il ne louera jamais...

— La maison paraît bien bâtie cependant, et le jardin est grand...

— Oh! c'est une propriété conséquente... — Ça

n'empêche pas qu'elle est vide depuis l'événement...

— Quel événement?...

— Une descente de police... Un gredin qu'on venait arrêter et qui s'est fait sauter le caisson... — Même qu'on n'a jamais pu enlever les taches de sang... — On a lavé le plancher à l'eau de potasse... Ça a fait l'effet d'un cautère sur une jambe de bois... — Les marques rouges y sont toujours... et dame, vous comprenez, il y a des gens qui trouvent que ça n'est point gai...

— Je comprends très-bien... — Mais dites-moi, je vous prie, le tragique événement dont vous parlez est-il de date récente?

— Pour ça, non!... — Je ne pourrais pas dire positivement la date, mais ça remonte à plus de dix ans... Dix ans de loyers perdus pour le propriétaire... sans compter que les locataires futurs n'ont point l'air de montrer le bout de leur nez... — Il ferait aussi bien de vendre, cet homme... — Seulement il ne trouverait pas d'acheteur...

— Ce malheureux qui s'est suicidé, — reprit Hermann — avait-il une famille?

— Oui, monsieur... Il était marié à une petite femme bien gentille, à ce que disait leur servante, car la jeune dame ne sortait jamais... — Il y avait aussi une gamine, sœur de la femme ou du mari, je ne sais pas au juste...

— Que sont devenues ces personnes après... après l'événement?...

— Elles ont quitté le pays tout de suite, comme bien vous pensez, et on n'en a plus entendu parler...

— Merci de vos renseignements, monsieur... — dit Hermann, — ils me décident...

— A chercher le propriétaire ?...

— A m'en abstenir avec soin... — Je ne louerais à aucun prix...

Et Vogel, après avoir salué le complaisant et loquace blanchisseur, regagna la station.

Sa physionomie, sur laquelle il ne veillait plus, exprimait un profond découragement.

L'énigme dont il voulait découvrir le mot devenait presque insoluble.

Comment retrouver, en effet, la trace perdue depuis si longtemps ?...

L'ex-caissier connaissait l'extrême modestie des goûts de Valentine et son amour pour l'obscurité.

Il avait l'absolue conviction que, malgré l'héritage énorme tombé dans ses mains à l'improviste, elle vivait simplement avec sa jeune sœur et s'efforçait de cacher sa vie...

De quel côté devait-il diriger ses investigations pour avoir chance de réussir ?

Toute recherche à laquelle un solide point de départ fait défaut est à peu près condamnée d'avance, il ne l'ignorait pas...

Une voie cependant s'ouvrait devant lui et pouvait le conduire à la découverte de la vérité, mais pour rien au monde il ne se serait engagé dans cette voie.

Nos lecteurs ont compris déjà qu'il s'agissait de l'agence Roch et Fumel.

A coup sûr maître Roch était toujours, à son corps défendant, propriétaire de l'immeuble improductif du Bas-Meudon, et, selon toute apparence, cet honnête associé du policier Fumel savait ce que Valentine était devenue.

Seulement, pour l'interroger à ce sujet, il fallait se montrer à lui ; il fallait lui révéler le secret du passé; se mettre à sa discrétion par conséquent, et subir ses exigences en cas de succès.

Hermann n'acceptait rien de tout cela, et, plutôt que d'initier l'ancien avoué au mystère de sa résurrection, il aurait renoncé complétement et sans arrière-pensée à son entreprise.

— J'ai devant moi l'argent suffisant pour attendre... — se dit-il. — Je chercherai avec persévérance et le hasard me viendra sans doute en aide... — Une jeune femme et une jeune fille, très-jolies l'une et l'autre et réunissant trois cent mille livres de rente, ne peuvent être absolument inconnues dans le milieu où elles vivent... — En outre le nom de *Vogel*, quoique n'attirant point l'attention, est mille fois moins commun que *Durand*, *Leblanc*, *Bernard* ou *Leroux*... — Avant trois jours j'aurai la liste de tous les Vogel échoués dans l'océan Parisien...

Chose singulière, Hermann, quoique sachant à merveille que Valentine devait se croire veuve, et qu'elle était veuve légalement et maîtresse absolue de sa personne, n'admettait pas un instant qu'elle pût être remariée...

Pourquoi ?

Questionné à cet égard, il eût été fort embarrassé pour répondre. — L'idée d'un second mariage possible ne se présentait point à son esprit, voilà tout, et il se croyait absolument sûr, s'il retrouvait un jour Valentine, de la retrouver s'appelant, comme autrefois, madame Vogel...

***

Quelques mots échangés entre le faux Graf von Angélis et l'ex-comte de Lorbac ont fait comprendre à nos lecteurs de quelle façon les deux gredins avaient tantôt vécu et tantôt végété pendant dix ans en Allemagne.

Nous croyons inutile d'entrer à ce sujet dans une foule de détails, curieux et pittoresques sans doute, mais pour lesquels le temps et l'espace nous font défaut.

Des résultats de certaines chances heureuses, rencontrées de temps à autre dans les tripots avoués ou clandestins, il ne restait guère à Vogel, au moment de son retour à Paris, qu'une garde-robe bien fournie, quelques bijoux sans grande valeur destinés à éblouir le public des badauds, et une demi-douzaine de billets de banque...

Ces six mille francs, joints aux vingt mille dont nous connaissons l'origine, ne permettaient un *statu quo* de quelques mois qu'à la condition de régler ses dépenses avec une stricte économie.

Hermann abandonna donc le Grand-Hôtel et loua, rue Caumartin, un petit entre-sol meublé, d'un prix modeste.

Charles Laurent, quittant le rôle de valet, conserva le nom de Fritz et fut élevé à la dignité d'ami intime, quoiqu'un peu subalterne et faisant au besoin les commissions...

LV

L'espoir de l'ex-caissier fut déçu.

Vainement il étudia l'almanach des vingt-cinq mille adresses...

Vainement il paya fort cher des gens chargés d'explorer pour son compte tous les arrondissements de Paris...

Il n'apprit point ce qu'il voulait savoir...

Un jour, cependant, une lueur d'espérance vint briller au milieu des recherches infructueuses auxquelles il se livrait.

L'un de ses émissaires découvrit rue du Pas-de-la-Mule, au Marais, une certaine *madame veuve Vogel*.

La rue et le quartier semblaient bizarrement choisis pour une millionnaire, mais, étant donnés les goûts simples de Valentine et son désir constant de s'isoler du monde, l'improbable devenait possible.

Hermann courut à l'endroit indiqué.

Le renseignement fourni par son émissaire était absolument véridique.

Il existait une dame Vogel aussi veuve qu'on le puisse être.

Seulement, cette matrone honorable, âgée de soixante automnes, pleurait depuis quinze années son mari, lequel, de son vivant, exerçait un métier modeste. — Il vendait des lorgnettes sur les boulevards...

La déception fut d'autant plus pénible que l'espoir avait été plus vif.

Le faux comte d'Angélis sentait le découragement s'emparer de lui.

Il se disait que sans doute Valentine s'était retirée à la campagne en quelque retraite inconnue, qu'il ne parviendrait point à retrouver ses traces, et que, par conséquent, son projet de métamorphoser la jeune millionnaire en poule aux œufs d'or, ne se réaliserait jamais.

En face de cette perspective, ses inquiétudes grandissaient.

A quoi lui servirait d'être revenu en France ? à Paris ?...

Que deviendrait-il lorsque seraient épuisées ses ressources, trop restreintes d'ailleurs pour durer longtemps?

L'existence boueuse des chevaliers d'industrie de bas étage lui causait un immense dégoût...

Echouer sur les bancs de la police correctionnelle, ainsi qu'un habitué des *Carrières d'Amérique;* voir la police fouiller dans sa vie, reconstituer son passé, et lui jeter au visage son véritable nom, le glaçait d'effroi...

Il était homme à ne point reculer devant un coup hardi, mais à condition que l'enjeu valût la peine de risquer la partie...

Bref il voyait les choses en grand, et préférait cent fois un crime productif à un simple délit sans résultats sérieux.

Ne craignant plus d'être exploité par Charles Laurent, il rendit à ce dernier sa confiance, ses sympathies, et se soulagea en lui confiant ses angoisses.

L'ex-comte de Lorbac continuait à nourrir certain projet dont nous l'avons entendu parler plus d'une fois quand il habitait le boulevard de Clichy.

On se souvient peut-être qu'à cette époque il demandait un an à Vogel, alors caissier de Jacques Lefebvre, pour graver trois planches de cuivre, grâce auxquelles la France, l'Angleterre, et la Rus-

seraient inondées par lui de faux billets de banque.

Il remit ce projet sur le tapis.

— C'est grandiose et ce serait superbe, — répondit Hermann, — mais, aujourd'hui comme autrefois. cela me semble bien dangereux...

Charles Laurent haussa les épaules.

— Pardieu, mon cher, — répliqua-t-il, — hors de la stricte légalité tout est dangereux, je le sais aussi bien que vous... — Je trouverais assurément fort commode et très-gai de vivre de nos revenus, si nous avions des revenus et s'ils brillaient par leur ampleur... Mais, hélas! ils nous font défaut... — Suppléons-y de notre mieux, quediable, et ne songeons point au péril!! — Nous n'avons pas le choix des moyens, et qui ne risque rien n'a rien!!...

— Soit! — répliqua Vogel. — Mais au moins les bonnes chances sont-elles en nombre suffisant? — Le succès est-il probable?...

— Il est sûr...

— Mettez-vous donc à l'œuvre au plus vite... Travaillez... et réussissez...

— Vous dites cela sans conviction...

— Je suis mal convaincu, je l'avoue, et fort imparfaitement rassuré, c'est vrai, mais en somme je peux me tromper et vous avez peut-être raison...

— J'ai raison certainement... — Vous en aurez bientôt la preuve...

Dès le lendemain Charles Laurent s'attelait, avec une merveilleuse persévérance, au métier de graveur...

Tandis que son infatigable burin mordait les planches de cuivre, Vogel désœuvré courait la ville, et, sûr désormais de son incognito, se montrait volontiers dans tous les lieux publics.

*
* *

Un jour, trois semaines environ après l'arrivée à Paris des deux complices, le ciel radieux invitait à la promenade.

C'était une de ces admirables après-midi qui parfois, mais rarement, se produisent au commencement de l'hiver, comme une verdoyante oasis apparaissant dans un désert glacé.

Les rayons à peine voilés d'un soleil quasi-printanier rendaient l'atmosphère tiède.

Les feuilles jaunies ou teintées de violet et de pourpre que les rafales de décembre allaient bientôt balayer donnaient aux délicieux paysages du bois de Boulogne cette riche variété de tons si chère aux coloristes.

Les élégantes de la grande ville se pressaient

dans les Champs-Élysées, dans l'avenue de l'Impératrice, autour des lacs et dans l'allée des Acacias, pour jouir de cette journée splendide, la dernière peut-être de l'année.

Personne n'ignore ce qu'était le luxe, le vrai luxe de bon aloi, à cette époque heureuse et regrettée qui précéda de si lamentables catastrophes et de si lâches trahisons.

Les équipages de tous les genres et de tous les styles, depuis la simple victoria à un cheval, jusqu'au mail-coach attelé à quatre et conduit par un gentleman; depuis le dog-cart jusqu'à la calèche à huit ressorts; depuis le phaéton jusqu'au grand coupé de gala, prenaient la file à l'entrée des Champs-Élysées et se suivaient à peu près au pas jusqu'à la butte Mortemart.

Les files n'étaient pas plus compactes le jour du *grand prix* de Longchamps.

Graf von Angélis, contraint de vivre avec une stricte économie pour se donner la possibilité de voir venir les événements, se trouvait, de temps à autre, pris d'un accès de cette fièvre singulière que nous pourrions appeler la *fièvre du luxe*, comme en Australie on nomme *golden fever* la fièvre de l'or qui s'empare des chercheurs de fortune.

Quand venaient ces crises, Hermann s'offrait à lui-

9.

même pendant quelques heures le simulacre du luxe convoité, se persuadait qu'il menait la haute vie, comme au temps des petites fêtes de la rue de Boulogne, et dépensait sans trop compter...

Ajoutons vite, pour rester dans le vrai, que ses aspirations étaient presque naïves, et qu'il se contentait de fort peu de chose.

Une voiture de grande remise à la demi-journée, un dîner d'un louis et demi dans un restaurant à la mode, un fauteuil d'orchestre dans un théâtre de genre, et les sourires à prix débattu d'une Vénus de hasard, suffisaient pour lui prodiguer la douce illusion du high-life...

Ce jour-là, précisément, un des accès dont nous parlions un peu plus haut s'empara de lui.

Il alla louer, rue Basse-du-Rempart, une petite victoria fraîchement revernie et fort coquette, qui véritablement jouait assez bien la voiture de maître.

Le cheval avait bonne apparence. — Le cocher, correctement tenu, portait le chapeau à cocarde, le col anglais très-haut, et les gants rouges de peau de chien.

Vogel exigea que le cheval eût, en outre, au frontail des roses artificielles, ce qui, — tous les gommeux le savent, — est d'un *chic épatant*.

Il s'installa sur les coussins de la victoria, dans

l'attitude nonchalante et blasée d'un homme qui ne va jamais à pied, et il donna l'ordre de le conduire au Bois.

Le cocher gagna rapidement la place de la Concorde, mais à la hauteur des chevaux de Marly il dut ralentir, prendre la file, et monter au pas les Champs-Elysées.

Hermann, un excellent cigare aux lèvres, le binocle sur le nez, regardait les jolies femmes dont les voitures croisaient la sienne, et, tout absorbé dans cette occupation agréable, ne pressentait pas qu'un incident de haute importance fût près de se produire, et que cet incident dût changer sa vie et décider de sa destinée...

Il ne sentait point passer sur sa chair un souffle de bon augure ou de mauvais présage...

LVI

La victoria d'Hermann Vogel, emboîtée dans une file interminable qui subissait des temps d'arrêt fréquents, mit près d'une heure à parcourir, par l'avenue de l'Impératrice et la route des Lacs, l'espace compris entre les chevaux de Marly et la butte Mortemart.

Le faux comte d'Angélis trouvait des charmes à cette locomotion si lente.

Il lui plaisait de tenir son rang, du moins en apparence, parmi les privilégiés de la fortune.

Il aimait à croire qu'un ouvrier, un employé, un petit bourgeois, debout dans la poussière de la contre-allée, se dirait en le regardant :

— Sont-ils heureux, ces millionnaires !!

Et il souriait.

Une réflexion soudaine traversa son esprit et mit une ombre sur son visage.

— Millionnaire! — murmura-t-il. — Je devrais l'être! — Je le serais depuis longtemps si la fatalité, déjouant mes conbinaisons savantes, n'avait fait tourner contre moi tout ce qui devait me servir! — Si je n'étais devenu, pour mon malheur, l'intime ami de Maurice Villars, les millions de Valentine seraient aujourd'hui dans mes mains!!

On ne lutte pas contre les faits accomplis.

Hermann s'efforça de chasser ses idées noires, et il y réussit à moitié.

Arrivée entre les deux lacs, à l'endroit que la mode ne permet de dépasser que pour prendre le chemin conduisant au restaurant de la Cascade, la voiture de l'ex-caissier suivit l'évolution tournante des autres équipages, et, reprit toujours au pas et en rasant la piste des cavaliers, la même route qu'elle venait de parcourir en sens inverse.

Après avoir atteint la pointe du lac, et au moment où le cocher de la victoria se préparait à pivoter de nouveau pour recommencer le trajet, Vogel ressentit une émotion si violente qu'il eut littéralement la respiration coupée.

Une grande calèche à huit ressorts, attelée de deux

steppers bai brun de haute taille et d'une indiscutable pureté de sang, allait croiser sa modeste voiture.

Sur le siége un cocher et un valet de pied poudrés, portant le chapeau-lampion galonné, l'habit à la française, les aiguillettes et les culottes courtes, rivalisaient de morgue britannique.

Au fond de la calèche, une jeune femme et une jeune fille.

Sur le devant; deux petits garçons presque du même âge.

La jeune femme, très-blonde, d'une beauté sérieuse et patricienne, et parfaitement élégante dans sa simplicité, paraissait avoir vingt-cinq ou vingt-six ans à peine.

La jeune fille, jolie comme un ange et blanche comme un lis sous la couronne épaisse de sa chevelure d'un brun fauve, en avait tout au plus dix-huit.

Les deux enfants pouvaient atteindre, le premier sa dixième et le second sa huitième année.

Nos lecteurs ont déjà compris, ou plutôt deviné, la cause du foudroyant émoi de Vogel.

La jeune femme blonde était Valentine, — ou du moins la vivante image de Valentine, car c'est tout au plus si l'ex-caissier osait s'en rapporter au témoignage de ses yeux, et il se demandait si quelque illusion décevante, — ou quelque prodigieuse ressemblance, — ne le troublaient pas jusqu'à la folie.

— Dans une seconde, les voitures en se croisant seront côte à côte... — se dit-il. — Je la verrai de trop près alors pour qu'une erreur reste possible...

Mais sans doute la maîtresse aristocratique du huit-ressorts ne se souciait point de s'immobiliser indéfiniment, sur la rive gauche du lac, dans la cohue des équipages de comédiennes et de cocottes.

Elle dit un mot, pendant qu'il était temps encore. — Aussitôt son attelage, quittant la file, tourna brusquement à droite dans l'espace libre qui s'étend du lac au nouveau chalet, et prit au grand trot la direction du Pré-Catelan.

Hermann, désappointé jusqu'à l'exaspération, se dressa presque dans sa voiture.

— Cinq louis pour vous, — dit-il à son cocher, — si vous rejoignez cette calèche qui s'éloigne, et si vous ne la perdez plus de vue...

Mais la file s'était reformée déjà...

Malgré son vif désir de gagner les cinq louis promis, le cocher de la victoria dut parlementer pendant près d'une demi-minute pour obtenir qu'un de ses collègues arrêtât son attelage et laissât passer.

Dès qu'il fut libre de ses mouvements il rendit la main à son cheval, — une bête vaillante et vigoureuse, — et, au risque de le voir s'emballer, il le lança à fond de train sur la piste du huit-ressorts.

Mais les steppers de pure race avaient beaucoup d'avance, et d'ailleurs la poursuite s'opérait *au jugé*, la calèche étant hors de vue. — comment savoir dans laquelle des allées latérales elle venait de s'engager?

Le cocher arrêta son cheval en face de deux bourgeois qui passaient en causant.

— Excusez-moi, messieurs, s'il vous plaît... — leur dit-il. — Avez-vous vu, il y a une minute, une voiture dans le grand chic filant comme le vent?

— Nous l'avons-vue... — répliquèrent les promeneurs.

— Par où a-t-elle passé?

— Par là... — fit le premier bourgeois.

— Non, par là... — rectifia le second.

L'un désignait sa droite. — L'autre indiquait sa gauche.

Tous deux étaient de bonne foi. — L'un se trompait. — Lequel des deux?

A tout hasard le cocher prit à droite et pendant plus d'une heure explora le Bois dans tous les sens, du lac à la porte Maillot; de la Porte-Maillot au jardin d'acclimatation ; du Jardin d'acclimatation à Madrid, et de Madrid au Pré-Catelan.

Ce fut en vain.

Parmi les équipages sans nombre qu'on croisait ou qu'on dépassait, la calèche cherchée ne se trouvait pas.

— Retournons, — commanda Vogel, — et prenez position à l'endroit où l'avenue des Champs-Elysées se greffe sur la place de l'Etoile... Toutes les voitures revenant du Bois passeront devant nous...

L'idée, assurément, était bonne; — elle ne tint point cependant ce qu'elle semblait promettre.

Le flot pressé des véhicules roula pendant deux heures sous les yeux attentifs de l'ex-caissier.

Vingt fois il tressaillit en voyant de jeunes femmes blondes et jolies dans des huit-ressorts d'un grand style, mais un examen attentif le désabusait vite. — Aucune de ces femmes n'était Valentine, ou même ne lui ressemblait. — Vogel avait la tête en feu. — La fièvre brûlait dans ses veines.

— Ou je touche au but, — se disait-il, ou j'ai rêvé... — Si Valentine est à Paris, je la retrouverai certainement... — Mais j'ai rêvé peut-être...

Et son esprit s'égarait dans un calcul sans fin de probabilités.

Certes la fortune de madame Vogel lui permettait,

lui enjoignait même d'avoir des chevaux et des gens, mais la simplicité de ses goûts s'accordait mal avec l'éclat princier de l'équipage que nous avons décrit.

Ces valets poudrés, ces chapeaux bordés, ces galons, ces aiguillettes, tout cet ensemble d'un luxe patricien, loin de séduire la jeune femme devait lui causer certainement une sorte d'épouvante.

Un tel changement dans ses instincts, dans ses habitudes, était-il probable et possible?

Hermann se répondait négativement.

Une ressemblance, alors, l'aurait donc abusé?...

Par moments il le croyait presque, puis, de nouveau, l'incertitude revenait.

Cette adorable jeune fille aux cheveux d'un brun fauve était-elle l'enfant que dix ans plus tôt on appelait la petite Claire?...

Pourquoi non? — Aujourd'hui Claire aurait dix-huit ans!...

Et les jeunes garçons, assis sur le devant de la calèche?...

L'un des deux serait-il son fils, à lui? — Son fils?

A cela, rien d'impossible. — A l'heure où il jouait au Bas-Meudon la hideuse comédie du suicide, Valentine était grosse, et bien avancée dans sa grossesse...

Il pouvait être père ! !

Mais le second enfant ? — Quel était le second enfant?

Toutes ces questions et beaucoup d'autres tourbillonnaient dans son cerveau, apportant avec elles le désordre, la confusion, le chaos...

Quand les dernières voitures, chassées du Bois par l'approche de la nuit, eurent descendu les Champs-Elysées presque déserts, le mari de Valentine se fit ramener au boulevard des Italiens où il quitta sa victoria de louage.

— Voici deux louis,— dit-il au cocher, — vous gagnerez une autre fois les cent francs.

Il fit quelques pas, puis, s'arrêtant, murmura presqu'à voix haute ;

— Non, je ne me suis point trompé ! — Ma femme est à Paris... — Je me remettrai demain en quête... — Avant huit jours j'aurai trouvé...

LVII

En se promettant de retrouver à bref délai Valentine, ou du moins la personne qui lui ressemblait d'une façon si frappante, Hermann ne prenait pas en somme un engagement trop téméraire.

Depuis plusieurs semaines il cherchait en vain, mais la situation venait de se modifier tout à coup d'une manière favorable.

A coup sûr la jeune femme rencontrée au bord du Lac ne se cachait point.

Le luxe princier de son équipage semblait démontrer jusqu'à l'évidence qu'elle aimait à briller.

Pour se trouver de nouveau sur son passage, Vogel n'avait donc qu'à hanter assidûment les quelques endroits où le high life parisien se montre volontiers, et particulièrement le bois de Boulogne.

C'était simple et facile.

Le faux comte d'Angélis se dit en outre que, pour augmenter ses chances de réussite, il fallait ne rien abandonner au hasard et ne point courir le risque de se trouver, comme la veille, à la merci d'un embarras de voitures, le séparant fort mal à propos de la calèche à huit ressorts.

En conséquence, renonçant prudemment aux moyens de locomotion à deux ou à quatre roues, il loua au manége Pellier un cheval de bonne mine, pouvant être monté par un gentleman soucieux de ne commettre aucun crime de lèse-élégance, et il donna l'ordre de lui amener ce cheval chaque jour à deux heures, lorsque l'état du temps permettrait la promenade.

Le lendemain il parcourut le bois de Boulogne jusqu'à la nuit tombante, sans obtenir le moindre résultat.

Le surlendemain, il en fut de même.

Hâtons-nous d'ajouter qu'il ne s'en étonna pas beaucoup.

Le ciel, chargé de gros nuages qu'aucun rayon de soleil ne pouvait traverser, le vent froid sifflant à travers les branchages et roulant des tourbillons de feuilles sèches, n'invitaient guère à la promenade les jolies frileuses.

Les voitures étaient clair-semées, surtout les voitures découvertes.

Les landaus et les berlines bien clos remplaçaient les calèches.

Mais, dès le matin du troisième jour, le soleil parut. — L'atmosphère redevint tiède, et l'après-midi fut radieuse comme celle que nous avons précédemment décrite.

Les équipages, les cavaliers et les amazones affluèrent naturellement au Bois.

Hermann s'y montra des premiers et choisit pour poste d'observation la piste longeant l'avenue qui conduit de la porte Dauphine à la pointe du Lac.

De là il était sûr de voir passer devant lui toutes, ou du moins presque toutes les voitures, car le nombre de celles qui viennent par la Muette ou par la porte Maillot est bien limité.

Il parcourait au pas de son cheval l'espace assez restreint dont nous venons d'indiquer la situation, épiant chaque véhicule, et surtout les calèches, avec une sûreté de coup de d'œil et une rapidité d'investigation que le policier *Jobin* aurait pu lui envier.

Soudain il tressaillit.

Une main venait de se poser sur son épaule.

Il pâlit d'abord, mais il se remit aussitôt et il se retourna, le sourire aux lèvres, en entendant une voix franche et bien timbrée s'écrier d'un ton joyeux :

— Ah çà ! je ne me trompe pas !! — C'est bien le comte d'Angélis !

— Lui-même, baron... — répondit Vogel en donnant une poignée de main au cavalier qui venait de l'accoster.

Ce cavalier était un gros garçon de trente ans, assez laid, mais dont la laideur n'avait rien de désagréable et ne manquait point de distinction.

Il portait le deuil et montait un admirable cheval irlandais de cinq cents louis au moins.

— Vous êtes donc à Paris, cher comte ! — reprit-il.

— Comme vous voyez... — répliqua Vogel.

— Depuis quand ?

— Depuis quelques semaines...

— Pour longtemps ?...

— Qui pourrait le dire ? — Sais-je jamais, la veille, ce que je ferai le lendemain ? Je vis au jour le jour, au gré de mon caprice. — Tant qu'une ville me plaît, j'y reste... — Aussitôt qu'elle m'ennuie, je pars. — Je crois d'ailleurs vous avoir fait jadis ma profession de foi à ce sujet...

— Heureux homme! libre comme l'oiseau! Ah çà! vous ne vous ennuyez pas encore ici, j'espère?...

— Nullement...

— Vous ne songez point à quitter Paris de sitôt?

— En aucune façon...

— A la bonne heure! — Je suis ravi de vous retrouver, cher comte, et je vous prie de disposer de moi... Peut-être, en ma qualité de viveur parisien, pourrai-je mettre dans votre existence quelques éléments de distraction...

— J'accepte de grand cœur... Vous êtes un aimable gentleman...

— Je suis votre obligé, voilà tout... Je ne l'oublie pas...

— Je l'ai oublié, moi, tant le service était peu de chose! — Êtes-vous content de la destinée?

— Mais, oui...

— Que faites-vous en ce moment?

— Je mange mon troisième héritage... — Un oncle sur lequel je ne comptais point, parole d'honneur! et qui, de son vivant, m'aurait très-bien refusé cent louis en un cas de pressante nécessité! — Le digne homme m'a légué cent mille écus. — J'en ai juste pour trois ans...

— Vous allez donc manger les trois cent mille livres?

— J'en laisserai manger beaucoup... J'en mangerai moi-même un peu, et la volatilisation des espèces sera complète au dernier jour de la troisième année.

— Et, ensuite?

— Dame! — Ensuite? — il m'arrivera certainement un quatrième héritage, puis un cinquième, et toujours ainsi... — Je me suis fait de l'héritage une carrière... — Ah çà! qui regardez-vous donc, avec tant d'attention, sur la chaussée?

— Je ne regarde personne... Je cherche...

— Attendez-vous quelqu'un?

— Oui...

— Un homme ou une femme?... — Pardonnez moi si je suis indiscret...

— Vous ne sauriez l'être avec moi... — J'attends une femme...

— Jolie?

— Elle me semble telle...

— Vous me la montrerez quand elle passera, et, avant de me quitter pour aller la rejoindre, vous me donnerez votre adresse, car je veux absolument vous revoir...

— Voici ma carte... — répondit Vogel.

— Et voici la mienne... — reprit le gros garçon en

tendant à son interlocuteur une carte blasonnée portant ce nom et cette adresse :

BARON LOUIS DE BEUZEVAL

17, *Boulevard des Capucines*

Il ajouta, après avoir jeté un coup d'œil sur la carte d'Hermann :

— Nous sommes voisins... — Ce sera charmant...

Les relations entre le baron de Beuzeval, gentilhomme authentique, et le prétendu comte d'Angélis, s'étaient nouées dans des circonstance particulières, qui d'ailleurs n'avaient rien que de très-simple.

Deux ans auparavant M. de Beuzeval, brave et loyal garçon mais incorrigible prodigue, se trouvait à Hombourg en même temps que Vogel.

Le jeune Français, en compagnie d'une petite chanteuse des Bouffes, aussi sotte que jolie, achevait de croquer son second héritage.

Il habitait le même hôtel que le faux Poméranien. — Ils dînaient à la même table, et de temps en temps ils échangeaent quelques phrases polies.

Le baron jouait gros jeu, avec une mauvaise chance persistante.

Un beau soir il se trouva décavé, ayant une femme

sur les bras et ne sachant plus, littéralement, où donner de la tête.

Vogel s'aperçut de son embarras.

En ce moment, contre son habitude, l'ex-caissier gagnait de fortes sommes et, jouant contre M. de Beuzeval, profitait de sa déveine.

Obéissant à une sorte de sympathie assez fréquente entre joueurs, il offrit discrètement ses services au décavé qui les accepta sans façons, s'empressa de le rembourser quand il reçut de l'argent de France, mais garda du bon procédé une vive gratitude.

Il est superflu d'ajouter que M. de Beuzeval prenait Vogel au sérieux comme gentilhomme et comme galant homme, et le croyait fort riche, lui ayant vu manier beaucoup d'or...

LVIII

Hermann et M. de Beuzeval, tout en causant, laissaient leurs chevaux marcher l'un à côté de l'autre, très-lentement.

Le faux Angélis ne perdait point de vue la chaussée, et d'un regard rapide explorait les voitures dont la file s'allongeait, interminable.

Les deux cavaliers arrivèrent au Lac.

Le baron allait continuer.

— Vous plairait-il de revenir sur nos pas ? — lui demanda Vogel.

— Parfaitement, mais pourquoi ?

— Autour du Lac l'encombrement des équipages est énorme... La personne qui m'intéresse passerait peut-être inaperçue...

— Très-bien... — Retournons donc... — répondit M. de Beuzeval en faisant pivoter sa monture.

La conversation s'engagea de nouveau.

A mi-chemin environ entre le Lac et la porte Dauphine, Vogel tressaillit tout à coup et arrêta brusquement son cheval.

— Que vous arrive-t-il? — s'écria le baron.

L'ex-caissier ne répondit pas.

Il voyait venir, dans la file des voitures qui se dirigeaient vers le Lac, et tenaient par conséquent la droite de la chaussée, la grande calèche vainement poursuivie trois jours auparavant.

La jeune femme et la jeune fille en occupaient encore le fond, mais cette fois les deux enfants ne se trouvaient point sur le devant.

De minute en minute, et pendant une ou deux secondes, la file tout entière s'immobilisait sous un joyeux rayon de soleil qui faisait étinceler le cristal des lanternes, le vernis des panneaux, l'acier des mors et les cuivres ou les argentures des harnais.

Un de ces temps d'arrêt se produisit juste au moment où la calèche se trouvait en face d'Hermann et de M. de Beuzeval, dont la file beaucoup moins compacte des équipages regagnant Paris la séparait seule.

Hermann pensait :

— Je vais trouver un prétexte, bon ou mauvais, pour quitter le baron... — Je lancerai mon cheval entre les voitures, et je veux bien cette fois que le diable m'emporte si je ne suis la piste jusqu'au bout !

Cette résolution prise, il allait l'exécuter.

Un incident imprévu rendit sa démarche inutile.

La jeune femme tourna par hasard les yeux du côté des cavaliers, et son regard distrait s'arrêta sur M. de Beuzeval.

Le baron la salua respectueusement.

Elle rendit le salut par un léger mouvement de tête, accompagné d'un vague sourire, puis ses yeux prirent une autre direction.

La file s'ébranla de nouveau, et des éclairs rapides se croisèrent sur les jantes des roues rechampies de jaune vif ou de rouge éclatant.

Hermann était stupéfait.

— Vous connaissez cette dame? — balbutia-t-il.

— J'ai cet honneur... — répondit M. de Beuzeval. — Une bien belle personne, n'est-ce pas, et merveilleusement distinguée...

— Oui, charmante... Mais qui donc est-elle?...

— La comtesse de Rochegude.

Certes, la foudre éclatant à cette minute aux pieds de Vogel aurait produit sur lui une impression moins profonde.

— Suis-je bien éveillé ?... — se demanda-t-il.

Puis, tout haut, il répéta :

— La comtesse de Rochegude...

— Sans doute.

— Mariée ! — s'écria Vogel. — Cette dame est mariée?

— Comment, si elle est mariée ? — fit le Parisien d'un ton presque moqueur. — L'aviez-vous prise pour une cocotte, par hasard ? — Cela me surprendrait, mon cher comte, car jamais femme plus honnête n'eut un plus angélique et plus chaste visage... Donc je ne comprends rien à votre étonnement. — C'est la première fois sans doute que vous voyez la comtesse ?...

L'ex-caissier avait eu le temps de se remettre, et ne se dissimulait point combien son trouble devait sembler inexplicable au baron.

— Oui, — répliqua-t-il, — c'est la première fois, et cet étonnement vous paraîtra naturel lorsque vous saurez que j'ai connu jadis, ou du moins rencontré, une jeune femme qui ressemblait d'une façon prodigieuse à madame de Rochegude...

— Y a-t-il longtemps de cela ? — demanda M. de Beuzeval.

— Une dizaine d'années.

— Et, cette rencontre, où a-t-elle eu lieu ?

— Ici même. — J'ai passé quelques mois à Paris, en 1859.

— C'était peut-être la comtesse que vous avez vue à cette époque?...

— Impossible...

— Pourquoi?

— La personne de qui je vous parle était mariée, et son mari, dont j'ai oublié le nom, n'appartenait point au monde aristocratique...

— Cela ne prouve rien, sinon que ce mari est mort, et justement le comte a épousé une veuve... une jeune veuve de dix-huit ans à peine...

— Peut-être, alors, était-ce en effet la même personne...

— Je le parierais, et dans ce cas la ressemblance n'aurait plus rien qui doive vous surprendre...

— Qu'est-ce que M. de Rochegude, je vous prie?...

— Un grand seigneur dans toute la force du terme... Un homme charmant... Un officier du plus rare mérite, colonel d'un régiment de hussards en ce moment à Provins...

— Le comte n'est point à Paris?

— Non, mais vous pensez bien qu'il y fait de fréquents voyages... — La comtesse ne peut l'accompagner dans ses garnisons, à cause de sa jeune sœur qui vit avec elle, et de ses deux fils...

— M. de Rochegude a deux fils ? — s'écria Vogel.

— Un seulement, — répliqua le baron. — Le fils aîné de la comtesse est né du premier mariage... — Le comte paraît l'aimer, d'ailleurs, autant que s'il était à lui...

— Ah ! — murmura l'ex-caissier.

Puis, après un instant de silence, il reprit :

— La tenue hors ligne de l'équipage que nous venons de voir, annonce une grande fortune...

— Rochegude est très-riche, et sa femme aussi du reste... — Les deux sœurs ont hérité d'un parent sept ou huit fois millionnaire... Ce qui n'empêche pas le mariage du comte d'avoir été un mariage d'amour... un vrai roman, fort touchant paraît-il, mais dont on parle peu et dont je n'ai jamais su les détails... — Avez-vous remarqué la jeune fille assise à côté de la comtesse?

— Non... Je ne l'ai pas regardée...

— Elle s'appelle Claire de Cernay... Elle a dix-huit ans tout au plus... Elle est jolie comme les amours.. C'est un parti superbe.

— Épousez-la, — dit Hermann avec un rire un peu contraint.

Le baron haussa les épaules.

— Je ne suis pas du bois dont on fait les maris... — répliqua-t-il. — Je me rends pleine justice... —

Quelle fille sensée voudrait d'un gaillard qui croque les héritages avec une incorrigible désinvolture?... — Beaucoup trop vieux d'ailleurs pour une enfant si jeune, je me garderai bien de me mettre sur les rangs... — Je serais black-boulé et je l'aurais mérité cent fois pour une... — Claire de Cernay, délicieusement jolie et possédant cent cinquante ou cent soixante mille livres de rentes, a le droit de choisir et d'être difficile... Elle est si heureuse chez sa sœur...

— Etes-vous dans des termes d'intimité avec les Rochegude?... — Voyez-vous souvent la comtesse?...

— Je suis dans les termes d'excellente camaraderie avec le comte Lionel... — Quand il est à Paris je vais aux réceptions du jeudi de l'hôtel Rochegude. — En son absence la comtesse ne reçoit que des femmes, mais je la rencontre de temps en temps dans des salons amis... — Elle n'est pas mondaine, la comtesse... — Elle aime son intérieur plus que tout... — — Elle ne va dans le monde que pour être agréable à sa sœur... — Elle vit dans un luxe commandé par sa grande position et par sa grande fortune; elle a les plus beaux attelages de Paris et tous les diamants de famille des Rochegude... Eh bien! elle préférerait une vie simple, un train modeste... — C'est une femme exceptionnelle en toutes choses, et je doute qu'il ait existé jamais de créature aussi parfaite...

— Avec quel enthousiasme vous en parlez! — fit Vogel, en accompagnant ses paroles de son même rire qui sonnait faux.

— Ce n'est pas de l'enthousiasme, — répliqua M. de Beuzeval, — c'est une admiration sincère! — Si vous connaissiez la comtesse, vous diriez comme moi que l'homme à qui elle appartient possède un incomparable trésor, et que Dieu a trop fait pour lui!

L'ex-caissier baissa la tête.

Il avait été l'homme dont parlait le baron, et n'avait ni compris, ni gardé son trésor!

LIX

Hermann Vogel avait atteint son but.

Il venait de retrouver Valentine, et, — chose à laquelle il ne pouvait songer sans stupeur, — de la retrouver mariée!... De la retrouver comtesse de Rochegude!...

Ainsi donc le destin de celle qui jadis portait son nom s'était accompli malgré tout!...

En vain, dans un duel déloyal, il avait blessé presque mortellement l'homme dont l'amour se dressait comme un obstacle entre lui et mademoiselle de Cernay...

En vain il avait employé le mensonge et la trahison pour creuser un abîme entre cet homme et Valentine...

Lui-même, par un simulacre de suicide qui brisait la chaîne de la malheureuse enfant, avait pris soin de combler l'abîme, — et Valentine était la femme de Lionel...

Hermann ne s'attarda point à commenter ces choses; il entrevit en quelques secondes les conséquences des faits accomplis et le parti qu'il en pourrait tirer, et, ne voulant pas laisser à M. de Beuzeval le temps de remarquer son silence et de s'en étonner, il renoua l'entretien :

— Cher baron, — reprit-il, — tout à l'heure, avec une bienveillance dont je suis touché, vous m'avez dit que vous mettriez volontiers à ma disposition votre expérience de Parisien, pour me rendre agréable le séjour de la grande ville où je compte passer quelques mois...

— Je l'ai dit et je le pensais, mon cher comte! — répliqua M. de Beuzeval. — Qu'il vous plaise d'oublier le service rendu, soit; mais moi, l'obligé, je me souviens, et vous me causerez une joie vive en me donnant l'occasion de vous payer ma dette de reconnaissance... — Disposez absolument de moi, je vous en prie... — Ma façon très-expéditive et bien connue de volatiliser les héritages successifs que m'envoie mon étoile, m'a donné pas mal de crédit auprès des aimables personnes dont la beauté est le seul capital, et qui font rapporter à ce capital de jolis intérêts... — Vous êtes fort riche, je crois?...

— Oui, fort riche... — répondit Vogel.

— Et naturellement, — continua le baron, — vous voulez dépenser beaucoup, mais vous tenez, comme un homme d'esprit que vous êtes, à n'être dévalisé par ces demoiselles que dans une juste mesure... — Personne ne saurait vous renseigner mieux que moi sur ce qu'il est convenable de subir, et vous montrer le point précis où commence l'abus... Je puis vous donner accès dans certains boudoirs qui, quoiqu'assez mal verrouillés, ne s'ouvrent pas cependant pour tout le monde. — Etes-vous attiré par les galants aspects du monde où l'on s'amuse? — Désirez-vous que je vous serve de guide parmi les labyrinthes des cythères parisiennes?...

Le faux Angélis secoua la tête.

— Non...—répliqua-t-il en souriant...— pas cela...

— Que voulez-vous, alors? Faites votre carte vous-même!... comme dit Marguerite Gauthier dans la *Dame au camélias*...

— Le demi-monde est le même un peu partout... — reprit Vogel. — J'ai mis au service de ces dames les plus belles années de ma jeunesse et deux ou trois millions, que je ne regrette point d'ailleurs, mais les joyeuses folies, selon moi, doivent avoir un terme, et, si j'osais faire usage d'un mot qui je crois n'est plus de mode, je dirais que je suis *blasé...*

— A votre âge ! ! — s'écria M. de Beuzeval.

— D'abord j'ai tout près de quarante ans.... et puis les campagnes comptent double, dans la galanterie comme dans l'armée...

— C'est une affaire de tempérament, — répliqua le baron. — Je ne me blaserai jamais, moi, cher comte, même dans ma plus extrême vieillesse. — Les héritages se lasseront de venir, avant que je me lasse de les dépenser avec les croqueuses de perles...

— Cela prouve que vous serez toujours jeune... — Moi je ne le suis plus, sinon de corps, du moins d'esprit... — Je désire me créer à Paris des relations sérieuses dans un monde élégant qui n'ait rien d'interlope... — J'ai visité hier l'ambassadeur d'Allemagne, très-bienveillant pour moi et prêt à m'ouvrir les portes des salons officiels... — Je vous demande de me patronner dans les salons aristocratiques dont votre nom et vos alliances vous donnent l'accès...

— Rien de plus facile... — Je vous préviens seulement que ces salons-là ne sont pas bien gais... — Je n'y vais que par convenance...

— Je ne cherche point la gaîté, je vous le répète, mais la bonne compagnie...

— Eh ! bien, c'est entendu... — Si Lionel de Rochegude était à Paris, je vous mènerais chez lui tout d'abord. — Je vous mènerai ailleurs... — Etes-vous un célibataire endurci, cher comte?

— Je ne suis point l'ennemi du mariage... — Pourquoi cette question?...

— Avec votre position et votre fortune vous pourriez vous mettre sur les rangs pour épouser mademoiselle Claire de Cernay, la sœur de la comtesse... — reprit M. de Beuzeval.

— Moi? un étranger!!... — s'écria Vogel.

— Qu'importe? — Vous parlez le français mieux que moi... Vous avez l'air Parisien...

— Oubliez-vous mon âge? — Tout à l'heure, cher baron, vous vous disiez trop vieux pour songer à une jeune fille... et je suis votre aîné...

— Je n'en ai pas la preuve!! — Vous êtes élégant et beau garçon... A votre place, je tâcherais de plaire...

— Trêve de folies, baron!...

— Comme vous voudrez, mais mes folies ne sont pas si folles!... — Enfin, dans les maisons où je vous présenterai, vous rencontrerez certainement mademoiselle de Cernay... — Suivez un bon conseil et prenez garde à votre cœur!... — Mademoiselle Claire est bien séduisante...

— Ne craignez rien pour moi... — répondit Vogel

en souriant. — Depuis longtemps mon cœur est mort...

— On croit cela, et tout à coup, brusquement, sous un regard de femme, le mort ressuscite... Le charbon mal éteint se rallume et la flamme inattendue jaillit des cendres froides... — Cela s'est vu souvent... — Je n'ai rien de semblable à redouter, moi, grâce au ciel...

— Et pourquoi?

— Je flambe sans cesse...

Hermann accueillit ces paroles par un éclat de rire et la conversation prit un ton léger qu'elle n'avait pas eu jusqu'à ce moment.

Nous n'accompagnerons pas les deux cavaliers dont l'intimité semblait devenir de minute en minute plus étroite, et qui ne quittèrent le bois de Boulogne que pour dîner ensemble dans un restaurant du Boulevard.

*
* *

Au point de ce récit où nous sommes parvenus, tout détail ne s'imposant point comme indispensable serait une longueur.

Contentons-nous donc de quelques lignes pour apprendre à nos lecteurs ce qui s'était passé depuis le mariage de Lionel et de Valentine.

Cette tâche, d'ailleurs, sera facile.

« *Heureux les peuples qui n'ont pas d'histoire!!...* » dit un vieux et sage aphorisme qu'on peut appliquer aux familles aussi bien qu'aux nations.

Le bonheur du comte et de la comtesse de Rochegude ne saurait se raconter, car il fut calme autant qu'il fut complet.

Au bout d'une année de mariage un enfant vint au monde; un fils, qui reçut au baptême le nom de Georges.

Valentine, obéissant à une délicatesse exagérée peut-être, avait offert d'envoyer le petit Armand à la campagne, et de le faire élever au château de Rochetaille...

Lionel n'y voulut pas consentir.

— J'ai promis d'aimer cet enfant autant que s'il était à moi... — répondit-il. — Ce n'étaient point là de vaines paroles... — Je tiendrai ma promesse...

— Ah! vous êtes bon comme Dieu lui-même!! — murmura Valentine avec attendrissement.

Les deux petits garçons grandirent donc côte à côte, sachant qu'ils étaient frères, mais ignorant qu'ils ne portaient point le même nom...

Armand, aussi bien que Georges, appelait le comte de Rochegude : — *Papa!*

Lionel ne mettait aucune différence dans les baisers

qu'il leur donnait, et peut-être l'enfant de Vogel tenait-il dans son cœur presque autant de place que son propre fils...

Il nous paraît superflu d'affirmer que Claire les chérissait également l'un et l'autre.

N'étaient-ils pas tous deux les enfants de sa sœur bien-aimée?

Pendant ce long espace de dix ans, un seul nuage passa sur le bleu pur du ciel des jeunes époux, une seule douleur vint mouiller leurs yeux.

La comtesse douairière s'éteignit, à la suite d'une courte maladie, dans un âge relativement peu avancé...

Nous savons ce qu'était cette femme si parfaite sous tous les rapports, cette mère incomparable... C'est assez dire combien les larmes données à sa mémoire furent sincères; mais tout s'efface avec le temps dans la vie, et au bout de trois ans le chagrin profond était devenu une douce et rêveuse mélancolie...

Peut-être quelques-uns de nos lecteurs s'étonnent-ils que Lionel, réunissant à sa fortune énorme la grande fortune de sa femme, n'ait pas donné sa démission et quitté le service...

Sa conduite nous paraît absolument naturelle.

Descendant d'une famille d'épée, ayant des maréchaux de France parmi ses ancêtres , fils d'un père général, Lionel adorait son état, il espérait la guerre et rêvait d'ajouter une illustration nouvelle à la gloire militaire de sa race...

Et, pour réaliser ce rêve, il acceptait tous les sacrifices, même celui de vivre pendant des mois entiers séparé de Valentine...

LX

Tant que la comtesse douairière avait vécu, le jeune ménage s'était contenté du pavillon où nous avons à plus d'une reprise introduit nos lecteurs.

Deux ans après la mort de sa mère, le comte, trouvant Valentine, Claire et les enfants logés trop à l'étroit, avait exigé leur installation dans les grands appartements de l'hôtel. — Valentine, toujours docile, s'étaitsoumise quoique à regret, car elle professait un culte respectueux pour la mémoire de madame de Rochegude, et la chambre si longtemps habitée par la noble femme lui semblait un sanctuaire dont on ne devait franchir le seuil qu'avec une sorte de pieux recueillement.

Cette chambre était une pièce très-vaste décorée

et meublée dans le style Louis XVI avec un luxe quasi royal.

Deux grands tableaux ornaient les boiseries sculptées comme des objets d'art : *La résurrection du Christ*, par Eustache Le Sueur, et un admirable portrait de la comtesse à vingt-cinq ans, par Paul Delaroche.

Au pieds de l'œuvre de Le Sueur on voyait un prie-Dieu.

En face du portrait se trouvait un immense fauteuil.

Valentine s'agenouillait d'abord pour élever son âme et, s'asseyant ensuite, contemplait longuement l'image presque vivante de la sainte créature qu'elle avait tant aimée.

La chambre à coucher faisait partie d'un appartement complet.

On y arrivait en traversant un grand vestibule et un petit salon. — L'une de ses portes latérales donnait accès dans un immense cabinet de toilette. — Une autre s'ouvrait sur la chambre des enfants, communiquant elle-même avec le petit appartement de mademoiselle Claire de Cernay.

Le fils d'Hermann et celui de Lionel dormaient ainsi entre leur jeune mère et leur jeune tante...

Ils étaient bien gardés !...

Au moment où nous franchissons le seuil de la chambre Louis XVI, un feu clair pétillait dans la cheminée de marbre blanc digne d'un boudoir de Trianon.

Neuf heures sonnaient à la merveilleuse pendule placée sur cette cheminée et dont un éléphant de porcelaine de Saxe supportait le cadran d'émail.

Toutes les bougies des deux candélabres de Frakental soutenus par des amours étaient allumées.

Valentine, en toilette de soirée très-simple : — une robe de faille d'un bleu pâle, à peine décolletée, — ne portait d'autres bijoux que des boucles d'oreilles de saphir.

Une guirlande de liserons et de volubilis s'enlaçait dans les torsades épaisses de ses cheveux blonds.

Elle agrafait un collier de perles autour du cou nacré de sa sœur.

Claire avait amplement tenu toutes les promesses de son enfance.

La ravissante petite fille de la rue Mozart et du Bas-Meudon était devenue une adorable jeune fille.

Nous avons entendu M. de Beuzeval exalter sa beauté charmante.

Le baron n'exagérait point.

Les qualités morales de Claire ne le cédaient en rien à ses perfections plastiques.

Douce et bonne, simple et modeste, unissant l'intelligence la plus vive à la candeur la plus angélique, elle adorait sa sœur et ses neveux, elle aimait tendrement Lionel, elle avait le fanatisme de la charité.

— Je ne te connais qu'un défaut, ma chérie, — lui disait parfois la comtesse en souriant, — c'est l'amour de la danse... — Si le bal te tournait un peu moins la tête, tu serais parfaite!...

— Que veux-tu, petite sœur, — répondait Claire avec un rire argentin, — la perfection n'est pas de ce monde... et c'est si amusant, le bal...

Mademoiselle de Cernay, ce soir-là, portait une robe de crêpe rose aussi chastement décolletée que celle de Valentine, mais laissant nus jusqu'au-dessus des coudes ses bras blancs, encore un peu grêles quoique d'une irréprochable pureté de forme.

Un double rang de perles noué autour de ses poignets délicats, et le collier dont nous avons parlé, — présent du comte de Rochegude, — lui faisaient une parure d'une sérieuse valeur, mais absolument virginale.

Trois roses mousseuses de la même nuance que sa robe, piquées dans sa chevelure d'un brun fauve, donnaient à son visage de madone une expression piquante.

Les gants, les éventails et les bouquets des deux

sœurs étaient placés à portée de leurs mains sur un guéridon en vieux laque du Coromandel.

Les amples pelisses garnies de fourrures attendaient sur le bras d'un fauteuil.

Valentine acheva d'agrafer le collier de perles.

— C'est fini, mignonne... — dit-elle. — Te voilà prête...

— Suis-je jolie ce soir? — demanda Claire naïvement.

— Comme toujours, et tu le sais bien, petite coquette... — répliqua la comtesse.

Puis elle s'assit, ou plutôt se laissa tomber sur un siége, prise d'une sorte de lassitude.

L'expression soucieuse de sa figure était en ce moment fort peu d'accord avec la nuance gaie de sa toilette.

Claire, rectifiant devant la glace un détail minuscule de sa coiffure, ne s'en aperçut pas tout de suite...

Mais, quand elle eut ramené vers la tempe gauche une des roses mousseuses qui s'en éloignait trop, elle regarda sa sœur, et du premier coup d'œil constata l'expression que nous venons de signaler.

Pour l'inquiéter il en fallait moins.

— Valentine, ma chérie, — s'écria-t-elle, — qu'y a-t-il? Es-tu souffrante?...

La comtesse secoua la tête.

— Il y a quelque chose, cependant, c'est positif... — reprit Claire. — Te voilà sombre... — As-tu du chagrin?...

— Eh! mignonne, quel chagrin pourrais-je avoir?... — murmura Valentine. — Ne suis-je pas heureuse entre toutes les femmes?... — Dieu m'a comblée en me donnant mes fils... une sœur comme toi... et un mari tel que le mien... — Ah! si Lionel était ici...

— S'il y était, tu serais joyeuse... — répliqua vivement la jeune fille; — mais il n'y est pas... et voilà le mal!...— Sois franche avec moi... Lionel, qui te manque sans cesse, te manque aujourd'hui plus encore que de coutume...

— Peut-être... — fit la comtesse. — C'est possible..

— Tu as pourtant reçu ce matin une lettre de lui?...

— Tu sais bien qu'il m'écrit chaque jour...

— Il ne t'annonçait point de fâcheuse nouvelle?...

— Te l'aurais-je caché, ma chérie?... — Non, Lionel me disait, ce dont grâce à Dieu je ne doute pas... ce dont je ne douterai jamais... qu'il m'aime uniquement et plus que tout au monde...

— Bravo! — s'écria Claire en frappant l'une contre l'autre ses deux petites mains. — Voilà ce qu'un mari doit écrire... voilà ce que m'écrira le mien... quand j'aurais un mari et quand nous serons séparés, ce qui n'arrivera guère, car je ne le laisserai sous aucun prétexte s'éloigner de moi... — Mais, puisque rien ne va mal, à quel propos cette tristesse soudaine?...

— Je t'affirme, mignonne, que je ne suis pas triste...

— Chère menteuse, explique-moi donc alors cette larme qui se suspend comme une perle blonde au bords de tes cils et qui va mouiller ton corsage... — Je veux la sécher avec mes lèvres...

Et mademoiselle de Cernay, s'agenouillant devant sa sœur sur le tapis d'Orient, but la perle prête à tomber.

Valentine lui jeta les bras autour du cou et la pressa contre sa poitrine en balbutiant :

— Tu as raison... A quoi bon mentir? — Eh bien! oui, c'est vrai, je suis triste, mais triste sans motif, et je ne sais pas ce que j'ai... — Instinctivement mon cœur se serre comme à l'approche d'un péril... — De funestes pressentiments agitent mon esprit... il me semble qu'un malheur va m'arriver cette nuit...

— Fais dételer! — s'écria Claire. — Je renonce à mon bal... — Restons ici...

— Et pourquoi rester, chère folle? — répliqua la comtesse. — Pourquoi te priver d'un plaisir, parce que d'absurdes vapeurs me montent au cerveau?... — Non, mignonne, je n'accepte pas ton sacrifice... — La marquise de Simeuse et sa fille comptent sur nous... Notre absence, la tienne surtout, les affligerait beaucoup et les blesserait un peu... — La solitude, d'ailleurs, serait un mauvais remède contre les idées noires que la musique, le mouvement des salons et la gaieté d'un bal auront chassées bien vite...

— Quoi, tu veux... — commença Claire...

— Je veux partir... — interrompit Valentine. — Il est temps...

Elle se leva et frappa sur un timbre.

Une femme de chambre parut aussitôt.

— Donnez-nous nos pelisses... — lui dit la comtesse, — et commandez à un valet de pied de faire avancer la voiture...

LXI

Quelques minutes plus tard les ordres de la comtesse étaient exécutés, et les toilettes des deux sœurs disparaissaient sous les fourrures.

La femme de chambre, un flambeau à la main, se tenait prête à précéder dans l'escalier la jeune femme et la jeune fille.

— Je vais embrasser les enfants avant de partir... — dit Valentine.

— Madame la comtesse veut-elle que je l'éclaire?... — demanda la camériste.

— C'est inutile... une lumière trop vive pourrait éveiller les chéris...

Madame de Rochegude, traversant la vaste pièce, ouvrit avec des précautions infinies la porte de la chambre voisine, que les bouiges des candélabres éclairèrent alors d'une lueur douce.

C'était un réduit charmant, tendu, murailles et plafond, d'une cretonne gris perle semée de grandes fleurs aux tons joyeux.

Les deux petits garçons reposaient côte à côte, dans des lits jumeaux.

Beaux comme des anges l'un et l'autre, ils ne se ressemblaient point.

Armand, l'aîné, dont la blonde chevelure bouclait sur l'oreiller comme une auréole, rappelait d'une façon frappante le visage de Valentine.

Georges, beaucoup plus brun que son frère, était le vivant portrait de Lionel.

Endormis dans ces poses gracieuses qui sont naturelles à l'enfance, ils souriaient, les yeux fermés, comme si quelque songe couleur de rose avait visité leur sommeil.

Valentine pendant une seconde se tint immobile en face d'eux, les enveloppant d'un regard charmé que rendait humide une indicible tendresse...

Ensuite, se penchant un peu, elle effleura leurs fronts de ses lèvres, mais si légèrement que l'aile d'un papillon, prise dans ce baiser, n'aurait pas perdu son duvet.

— Au revoir, mes amours... au revoir, mes trésors...

— murmura-t-elle en revenant sur ses pas, puis s'adressant à Claire, et du geste plutôt que de la voix, elle ajouta : — Viens maintenant...

La voiture, — un grand landau fermé, — attendant dans la cour devant les marches du perron.

Le valet de pied ouvrit la portière et demanda :

— Où va madame la comtesse ?

— Chez la marquise de Simeuse... — répondit Valentine.

La marquise de Simeuse, simple comparse de ce récit, était fort grande dame et très-riche.

Elle avait une fille unique, à peu près de l'âge de Claire, et non moins charmante que mademoiselle de Cernay.

Les deux jeunes filles s'aimaient tendrement.

Madame de Simeuse habitait, rue de Varennes, un magnifique hôtel appartenant à la famille de son mari depuis des siècles.

Elle recevait beaucoup, avec une grâce parfaite, mais ne donnait jamais ou presque jamais de grandes fêtes, de ces fêtes où l'on s'étouffe comme dans les raouts officiels.

La soirée à laquelle se rendaient Valentine et sa sœur était, non pas un bal, mais une de ces sauteries presque intimes où quelque fruit sec du Conservatoire fait danser au piano les vierges blasonnées et les belles patriciennes du faubourg Saint-Germain.

Les appartements de réception pouvaient contenir sept ou huit cents personnes.

La marquise en réunissait rarement plus de cent cinquante ou deux cents.

On avait ses coudées franches, et un souper sans prétention, composé de viandes froides, de terrines de foie gras, de pâtisseries et de vin de Champagne frappé, terminait vers deux heures du matin ces petites fêtes.

Quand la comtesse et Claire firent leur entrée, un peu avant dix heures, une grande animation régnait dans les salons.

Presque tout le monde était arrivé et l'on dansait depuis longtemps déjà.

Mademoiselle de Simeuse, quittant son cavalier fort désappointé et abandonnant le quadrille où elle figurait, courut au-devant de son amie pour l'embrasser plus vite.

La marquise, plus grave et plus lente, vint à madame de Rochegude qu'elle tenait en haute estime, lui prit les mains et la fit asseoir auprès d'elle à une place d'honneur.

Le quadrille s'acheva et Valentine fut aussitôt fort entourée.

Tous les jeunes gens sollicitaient l'honneur d'être

inscrits sur son carnet de bal pour une valse ou pour une polka.

La comtesse refusait en souriant, mais avec une inébranlable fermeté, en prétextant un peu de fatigue.

Le vrai motif de ses refus, — celui qu'elle ne donnait pas, — c'est qu'en l'absence de son mari elle ne dansait jamais.

L'éclat des lumières et des toilettes, le bruit et le mouvement, produisaient d'ailleurs sur elle l'effet attendu. — Sa tristesse vague et sans cause appréciable se dissipait comme une fumée que le vent emporte. — Les noirs pressentiments ne l'oppressaien plus.

Elle causait gaiement avec madame de Simeuse.

— Ah! — pensait-elle, — comme j'ai bien fait de venir!

Tout à coup elle reçut dans l'entendement ce coup de cloche mystérieux dont parle Balzac, et qui sonne le glas de quelque catastrophe imminente.

Un quadrille venait de finir.

Le piano se taisait.

Les valets de pied circulaient portant des plateaux chargés de rafraîchissements.

La porte du salon s'ouvrit.

L'huissier, — superbe et solennel avec son habit à la française, ses culottes courtes, ses bas de soie et ses souliers à boucles d'argent, — parut sur le seuil et d'une voix sonore annonça :

— Monsieur le baron de Beuzeval... Monsieur le comte d'Angélis...

Valentine sentit un frisson courir sur sa chair. — Il lui sembla qu'un brouillard passait devant ses yeux.

La marquise se pencha vers la jeune femme.

— Ce nom de comte d'Angélis vous est inconnu, je le parierais ? — lui demanda-t-elle.

Madame de Rochegude fit un signe affirmatif.

— Cela ne m'étonne pas, — poursuivit madame de Simeuse. — M. d'Angélis est un étranger, un gentilhomme Poméranien, parfaitement distingué sous tous les rapports, que le baron de Beuzeval, lié avec lui de longue date, m'a présenté l'autre jour et m'a demandé la permission d'amener ce soir... — J'admets difficilement chez moi les nouveaux visages, vous le savez, mais j'ai cru devoir faire une exception en faveur du comte dont le baron répond absolument.

Valentine gardait le silence.

Elle entendait à peine.

Son regard plein d'effarement, rivé sur les nouveaux venus, croyait, comme à travers un nuage, entrevoir un fantôme...

Une effrayante apparition la faisait trembler et pâlir...

Le spectre d'Hermann Vogel, d'Hermann très-changé à coup sûr, mais reconnaissable pour elle, lui apparaissait à l'improviste et se dirigeait de son côté.

Graf von Angélis, cependant, n'avait point du tout l'air d'un spectre...

Il était mis avec une excessive recherche et sa physionomie reposée et souriante annonçait un homme bien vivant et très-heureux de vivre.

Son habit noir, sorti des mains du premier tailleur de Paris, dessinait sa taille souple. — Le plastron éblouissant de sa chemise se bombait sur sa poitrine découverte par un gilet à un seul bouton. — Son pantalon ajusté moulait ses jambes élégantes.

Toute une brochette de petites croix scintillait à sa boutonnière, et sa main finement gantée jetait avec désinvolture son chapeau claque sous son bras gauche; — un geste emprunté à Bressant, qui faisait encore à cette époque les beaux jours ou plutôt les beaux soirs du Théâtre-Français.

M. de Beuzeval, — gentilhomme de race pure, celui-là, — semblait lourd et presque commun à côté de l'ex-caissier de Jacques Lefebvre.

Les deux hommes traversaient lentement le salon pour se rapprocher de la marquise.

Le baron donnait des poignées de mains à droite et à gauche, et présentait à tous ses amis son Poméranien dont l'aisance parfaite prouvait une grande habitude du monde aristocratique.

— Cher baron, — dit Vogel à son introducteur, en le prenant par le bras pour l'immobiliser un instant, — il me semble reconnaître cette belle personne assise à côté de la marquise de Simeuse... — Mais ma vue est médiocre et je ne puis ici me servir d'un lorgnon... — Je me trompe peut-être...

— Eh! non, pardieu, vous ne vous trompez pas... — Cette belle personne est, en effet, la comtesse de Rochegude. — Ravissante ce soir, la comtesse, mais étrangement pâle... — On la croirait souffrante.

— Vous me présenterez, n'est-ce pas?...

— Très-volontiers, seulement, je vous ai prévenu, la comtesse ne reçoit aucun homme quand le comte n'est point à Paris.

— Peu importe... — Je la rencontrerai dans le monde... — Présentez-moi, j'y tiens beaucoup...

— C'est entendu... — Mais gardez-vous bien, au moins, de vous éprendre de la comtesse... — Ce serait une folie... — Il n'y a rien à faire... rien... rien... rien... — C'est une honnête femme dans toute la force du terme... — Pas même coquette, donc imprenable...

— Soyez tranquille! — répliqua Vogel avec un singulier sourire,— je ne deviendrai pas amoureux... — Mon cœur, je vous l'ai dit, est mort depuis longtemps.

Le comte et le baron s'étaient remis en marche. Une faible distance, désormais, les séparait de madame de Simeuse, et par conséquent de Valentine...

La jeune femme, prête à défaillir. chancelait sur son fauteuil...

Le professeur de solfége venait de se remettre au piano et commençait une valse langoureuse...

LXII

Il aurait été impossible à Valentine de cacher son trouble. — Elle n'était plus maîtresse d'elle-même et son écrasante émotion grandissait à vue d'œil.

— Mon Dieu, qu'avez-vous?... — lui demanda madame de Simeuse très-inquiète.

— Je ne sais... — murmura la comtesse d'une voix éteinte.

— Vous êtes devenue pâle tout à coup et maintenant vous semblez près de perdre connaissance...

— Je ne me sens pas bien...

— La chaleur peut-être...

— Oui, peut-être ?...

— Voulez-vous quitter ce salon pendant quelques minutes?...

— Je ne pourrais marcher...

La marquise tira de sa poche un petit flacon de cristal bouché à l'émeri.

— Voici des sels anglais très-violents, — reprit-elle, — il faut les respirer... C'est souverain contre les défaillances...

Valentine fit un signe affirmatif, approcha le flacon de ses narines, et aspira fortement les émanations de l'alcali volatil.

L'effet produit fut presque immédiat.

La jeune femme poussa un soupir d'allégement. — Un peu de sang revint à ses joues. — Elle reprit la faculté de penser et se dit :

— Je suis folle... — Pourquoi cette épouvante insensée? — Ai-je donc la tête assez faible pour qu'une ressemblance vague, qui n'existe sans doute que dans mon imagination, me fasse autant de mal?... — Si ce n'était triste et douloureux, ce serait ridicule... J'ai honte de moi-même...

Madame de Simeuse suivait avec un intérêt sincère et très-vif les progrès du rétablissement de la comtesse.

— Cela va mieux, n'est-ce pas? — fit-elle.

Valentine lui sourit en répondant :

— Oui, beaucoup mieux... — Ce n'était point grave... Dans un instant toute trace de ce malaise aura disparu...

— Vous m'avez fait grand'peur, savez-vous...

— Ah! chère madame, pardonnez-moi!... Je ne connais rien de plus absurde que d'être ainsi souffrante au milieu d'une fête...

Madame de Simeuse protesta.

— Oui, — reprit Valentine, — je maintiens le mot... c'est absurde... — Heureusement cette demi-syncope a passé tout à fait inaperçue...

La comtesse se trompait.

Deux personnes au moins, le baron de Beuzeval et Graf von Angélis, avaient parfaitement remarqué la défaillance de la jeune femme.

Naturellement le premier n'en pouvait deviner la cause.

Le second pensait :

— Ma présence inattendue ravive des souvenirs mal éteints... — Le résultat de mon air de famille avec feu Vogel dépasse toute prévision... — Feu Vogel doit être content, il n'est pas oublié!

Les deux hommes avaient fait hatle, laissant à madame de Rochegude le temps de se remettre.

Quand ils la virent, ravivée et souriante, renouer la conversation avec la marquise et lui rendre le petit flacon, ils reprirent leur marche à travers les groupes et, franchissant l'espace qui les séparait de la maîtresse du logis, s'inclinèrent devant elle, puis devant Valentine.

Cette dernière, quoique bien convaincue désormais qu'elle n'avait rien à craindre, éprouvait de nouveau une sensation étrange et pénible.

Son cœur recommençait à battre à coups pressés; elle n'osait regarder en face le compagnon de M. de Beuzeval, et, sentant les yeux de cet étranger fixés sur elle, elle frissonnait de tout son corps.

— Madame la comtesse, — lui demanda le baron après avoir échangé quelques mots avec madame de Simeuse, — avez-vous des nouvelles récentes de Lionel?...

— J'en ai tous les matins... — balbutia Valentine.

— C'est juste, j'aurais dû me souvenir que le comte vous écrit chaque jour... — Et les nouvelles sont bonnes, sans cela vous ne seriez pas ici...

— Excellentes... — dit la jeune femme en essayant de sourire.

— Doit-il bientôt venir à Paris?...

— Je l'attends après-demain...

— Pour longtemps?...

— Pour quarante-huit heures...

— C'est bien peu... c'est trop peu... A sa place j'aurais depuis longtemps donné ma démission, mais je suis un désœuvré, moi, un oisif, n'ayant d'autre souci que de passer la vie le plus gaiement possible, tandis

12.

que ce cher comte veut être général, ce qui ne tardera pas, puis, qui sait, maréchal de France un jour...

— Pour cela, il faudrait la guerre, — fit vivement madame de Rochegude, — et que le Ciel nous en préserve !

— Bah! — répliqua le baron, — la guerre n'est point à craindre...— Contre qui nous battrions-nous, je vous le demande? — Nous n'avons que des amis en Europe....

— Dieu vous entende! — murmura Valentine. — Si je savais Lionel en péril, je deviendrais folle...

Un silence suivit ces derniers mots.

M. de Beuzeval le rompit.

— Madame la comtesse, — reprit-il, — je vous demande la permission de vous présenter le comte d'Angélis, un vieil ami dont je suis l'obligé...

Surprise de cette présentation brusque à laquelle elle ne s'attendait pas, Valentine ne répondit que par un faible mouvement de tête.

— Je crains que mon ami Beuzeval ne soit indiscret, madame la comtesse, — fit le pseudo-Poméranien, — et je crains surtout de l'être moi-même, mais je lui ai entendu parler de vous et du comte de Rochegude en des termes si enthousiastes, que mon plus vif désir était d'avoir l'honneur de vous être présenté... Voilà notre excuse à tous deux...

Valentine respira plus librement qu'elle ne l'avait fait depuis un quart d'heure.

Graf von Angélis venait de prononcer les phrases qui précèdent d'une voix gutturale et avec un notable accent allemand.

Or, feu Vogel avait la voix sonore, bien timbrée, et l'accent parisien, ce qui équivaut à peu près à l'absence de tout accent.

La comtesse s'enhardit jusqu'à lever les yeux sur son front à demi chauve encadré de cheveux argentés, et sans refléchir qu'un laps de dix ans peut vieillir et presque métamorphoser un homme, elle se dit qu'elle avait été dupe d'une bizarre illusion, et que le Poméranien ne ressemblait en rien à son premier mari.

Le regard n'était point le même...

L'organe différait essentiellement...

Il n'en fallait pas davantage pour la rassurer de façon complète et lui rendre toute sa liberté d'esprit.

— Le baron de Beuzeval est de nos bons amis, monsieur le comte. — dit-elle. — Présenté par lui, vous êtes certain d'avance d'être bien accueilli à l'hôtel de Rochegude, quand mon mari sera là pour en faire les honneurs...

Graf von Angélis formulait en termes choisis une

phrase de vive gratitude, lorsque Claire, hors d'haleine et un peu étourdie après avoir valsé pendant dix minutes, vint prendre auprès de sa sœur la place que madame de Simeuse laissait libre en se levant.

M. de Beuzeval présenta le Poméranien à la jeune fille.

Mademoiselle de Cernay attacha sur lui pendant une seconde le regard calme et franc de ses grands yeux limpides, puis elle lui rendit un salut sommaire, accompagné d'une petite moue presque imperceptible, et, sans s'occuper davantage de cet étranger, elle se mit à causer à demi voix avec Valentine.

L'attitude inconsciemment, mais évidemment dédaigneuse de Claire, ne pouvait échapper à un observateur aussi perspicace que Vogel.

Il fronça le sourcil, s'inclina devant les deux sœurs, et, prenant le bras du baron, se perdit avec lui dans les groupes.

— Eh bien ! vous l'avez vue? — lui demanda M. de Beuzeval, — comment la trouvez-vous?

— De qui parlez-vous, cher baron ?

— De mademoiselle de Cernay, la jeune sœur...

— Elle est jolie, mais semble impertinente...

— Bah ! laissez donc... C'est une enfant et le plaisir la grise... Elle vous a tourné le dos un peu cavalièrement, parce que vous n'êtes point un danseur et que pour elle, et dans un bal, hors de la danse point de salut...

En même temps Valentine murmurait à l'oreille de Claire :

— Tu viens d'être presque impolie, mignonne, avec cet étranger, sais-tu...

— Quel étranger ? le comte d'Angélis ?...

— Oui...

— Ai-je été impolie, vraiment ? Je ne m'en doutais pas, mais c'est à peine si je le regrette... — Ce comte me déplaît au delà du possible...

— Pourquoi ?

— Il a le regard fuyant et la mine hypocrite... — Je ne m'y connais guère, mais je crois fermement que c'est un homme dangereux...

— Tu es bien jeune pour juger ainsi...

— Oh ! je ne juge pas... — Mon instinct parle, et je l'écoute, et je répète ce qu'il me dit...

LXIII

En quittant, vers une heure du matin, l'hôtel de la marquise de Simeuse, Valentine, quoiqu'elle prît à tâche de se rassurer par une foule de raisonnements très-logiques, restait sous une impression pénible.

Elle se sentait fiévreuse et brisée de fatigue, au moral aussi bien qu'au physique.

Pour la première fois de sa vie peut-être elle embrassa Claire presque distraitement; elle se déshabilla seule, et, après avoir effleuré de ses lèvres, comme au moment du départ, le front des deux enfants dont rien en son absence n'avait troublé le profond repos, elle se mit au lit et s'endormit d'un lourd sommeil.

Quand elle se réveilla, il faisait grand jour.

Son angoisse vague avait disparu. — Le cauchemar qui l'oppressait s'était éloigné avec les ténèbres... — Elle eut presque un sourire en songeant à sa faiblesse de la nuit précédente.

Dans l'après-midi, le valet de chambre lui présenta sur un plateau de vermeil trois cartes cornées.

— Pour madame la comtesse, pour monsieur le comte et pour mademoiselle Claire... — dit-il. — Ces cartes viennent d'être apportées par la prsonne elle-même...

Valentine y jeta les yeux et lut :

« Le comte d'Angélis »

Elle prit les cartes et les posa sur la cheminée.

M. de Rochegude, nous le savons déjà, devait venir passer quarante-huit heures à Paris.

Il arriva le lendemain.

Personne n'ignore combien sont impérieuses les exigences du service militaire.

Lionel était un excellent officier dans toute la force du terme. — Ni son grade élevé, ni sa haute situation personnelle, ne lui servaient de prétextes pour se soustraire aux devoirs rigoureux de son état.

Ses visites à Valentine ne se prolongeaient guère et semblaient aux deux époux d'autant plus courtes que les joies de la réunion étaient plus enivrantes et plus rares.

Le soir même, comme il se trouvait en tête à tête avec la comtesse dans sa chambre à coucher, et qu'il causait en s'accoudant à la cheminée, il regarda par hasard les cartes apportées la veille.

— Je ne connais pas ce nom... — fit-il, — qu'est-ce que le comte d'Angélis?

— Un étranger, un Allemand, un Poméranien, je crois... — répondit Valentine. — Il m'a été présenté avant-hier, chez madame de Simeuse, par son ami intime le baron de Beuzeval qui doit vous le présenter aussi... — L'une de ces cartes est pour vous...

— Ce Poméranien est-il un jeune homme?

— Ni un jeune homme, ni un vieillard...

— Comment cela?

— Age indéfinissable... — M. d'Angélis a des cheveux blancs.

— En somme, l'avez-vous trouvé bien?

— Nous n'avons pas échangé quatre paroles et je n'ai pu me former aucune opinion sur son compte... — C'est évidemment un homme du monde, voilà tout ce qu'il m'est possible de vous dire...— Si vous voulez en savoir davantage, questionnez M. de Beuzeval...

— A quoi bon? — Ces présentations banales amènent rarement des relations suivies... — Il est probable que je ne verrai jamais cet ami du baron, mais je mettrai demain une carte chez lui... c'est mon strict devoir...

M. d'Angélis était venu lui-même à l'hôtel de Rochegude. — Lionel, très-formaliste en matière d'étiquette, se rendit en personne au numéro indiqué de la rue Caumartin et déposa sa carte chez le concierge qui lui dit :

— Monsieur le comte est absent pour quelques jours...

Hermann Vogel se trouvait parfaitement chez lui, mais, en prévision de la visite de Lionel, il avait donné la consigne que le concierge exécutait fidèlement.

Les quarante-huit heures écoulées, M. de Rochegude eut la force de résister aux tendres supplications de Valentine et aux entraînements de son propre cœur...

La discipline lui commandait de regagner son poste; — il obéissait sans murmure, sinon sans amertume.

La comtesse, — ainsi qu'elle le faisait à chacun des voyages de Lionel, — voulut l'accompagner à la gare de l'Est.

Il partit pour Provins par le train de huit heures cinq minutes du soir et Valentine, que cette séparation attristait plus encore que de coutume, regagna seule l'hôtel des Champs-Élysées.

Claire l'attendait avec les enfants.

La présence et les caresses de ces êtres chéris ne parvinrent point à chasser les idées noires de la jeune femme.

— J'aurais dû suivre mon mari... — murmura-t-elle; — il me semble qu'un malheur menace l'un de nous...

— Rassure-toi, petite sœur, — répondit Claire, — rien n'est menteur comme un pressentiment, et, entre nous, c'est fort heureux... — Si toutes les catastrophes qu'on redoute quand on a mal aux nerfs se réalisaient, où en serait-on, grand Dieu?...

Le lendemain se passa sans amener d'incident fâcheux.

Un télégramme de Lionel annonça que son voyage s'était accompli dans les meilleures conditions.

Le surlendemain fut non moins paisible.

Valentine commençait à se rassurer, et comme Claire elle répétait : — *Rien n'est menteur comme un pressentiment!...*

Chaque jour, vers les deux heures de l'après-midi, lorsque le temps n'était pas trop mauvais, on attelait une paire de chevaux choisis parmi les plus sages de l'écurie, soit à un landau, soit à une grande calèche découverte, et madame de Rochegude, accompagnée de Claire, conduisait les enfants au bois de Boulogne.

La voiture suivait au pas l'allée des Acacias ou contournait l'hippodrome de Longchamps; les petits garçons descendaient, et rien n'était charmant comme de les voir jouer, courir et lutter joyeusement, les joues empourprées par l'air vif et pur.

La promenade, presque toujours, se prolongeait jusqu'à la tombée de la nuit.

Lorsque Valentine recevait, ou lorsqu'elle était retenue à l'hôtel par quelque autre motif, Claire prenait la physionomie sérieuse d'un mentor auquel incombe une grave responsabilité, et sortait seule avec ses neveux.

Nous avons cru nécessaire de mettre nos lecteurs au courant de ces détails; — ils comprendront bientôt pourquoi.

Le matin du troisième jour qui suivit le départ de Lionel, madame de Rochegude trouva dans sa correspondance une lettre qui n'arrivait point par la poste et dont l'apparence la frappa.

Ce n'est pas que cette lettre eût mauvaise mine. — Au contraire.

Elle dégageait un parfum léger et tout à fait aristocratique.

Son enveloppe large et carrée était d'un papier anglais satiné, très-épais et d'un ton gris perle.

Les caractères évidemment masculins de la suscription se signalaient par de longs jambages un peu raides, d'une physionomie patricienne.

L'ample cachet de cire rouge, aussi correct que s'il sortait des bureaux d'une chancellerie, offrait l'empreinte profonde d'un écusson timbré de la couronne de comte.

Aucune de ces choses ne semblait suspecte, nous le répétons, mais Valentine ne connaissait ni l'écriture de l'adresse, ni les armoiries du cachet...

Or elle se trouvait dans une disposition d'esprit à s'inquiéter de tout ce qu'elle ne comprenait pas... — La chose inconnue, quelle qu'elle fût, devenait pour elle une source d'alarmes combattues vainement.

— Qui peut m'écrire ? — se demanda-t-elle.

Rien n'était plus facile que de sortir d'incertitude à cet égard.

Elle hésita cependant pendant le quart d'une seconde, comme un enfant que trouble la pensée d'ouvrir une porte qui cache peut-être quelque chose d'effrayant, puis, se décidant tout à coup, elle prit sur un petit meuble un stylet mignon, véritable joujou de femme, dont le pommeau d'or était constellé de pierres précieuses, et se servit de la lame d'acier bleuâtre pour trancher la partie supérieure de l'enveloppe.

Cette opération préliminaire accomplie, elle retira de cette enveloppe la feuille de papier épaisse et satinée qu'elle contenait, la déplia d'une main tremblante, et, avant de lire une seule ligne, alla droit à la signature.

Cette signature lui brûla les yeux comme la flamme soudaine d'un éclair incendiant les ténèbres.

Elle tressaillit violemment et ses paupières s'abaissèrent.

Au bas de la lettre, — après une formule respectueuse, — était tracé ce nom :

« LE COMTE D'ANGÉLIS. »

LXIV

Une minute auparavant Valentine se demandait, en face d'une écriture inconnue :

— Qui peut m'écrire?...

Maintenant elle savait, et c'est avec angoisse que son interrogation muette prenait cette forme nouvelle :

— Que peut-il m'écrire?

La lettre ouverte lui faisait peur...

Un infaillible instinct l'avertissait que quelque chose de terrible allait s'échapper de cette lettre...

Elle souhaitait ardemment en dévorer le contenu...

Elle n'osait pas...

Son irrésolution, d'ailleurs, ne dura que quelques secondes...

Triomphant tout à coup de la frayeur qui la dominait, elle contraignit ses yeux à se fixer sur les lignes régulières de l'inquiétante épître.

Voici ce qu'elle lut :

« Madame la comtesse,

» Si vous avez oublié le nom du plus humble de
» vos serviteurs, — (ce qui me semblerait d'ailleurs
» tout naturel), — permettez-moi de rappeler à votre
» souvenir que j'ai eu l'honneur de vous être pré-
» senté il y a cinq jours, chez la marquise de Si-
» meuse, par mon ami le baron de Beuzeval ; ce n'est
» donc pas absolument un inconnu qui prend la li-
» berté de vous écrire...

» Je n'ignore point, madame, qu'en l'absence de
» M. de Rochegude, vous ne recevez que des femmes.

» C'est là, m'a-t-on dit, une règle absolue et qui
» ne comporte pas d'exception.

» J'ai la hardiesse, cependant, de solliciter une au-
» dience...

» La plus impérieuse nécessité peut seule expli-
» quer mon audace...

» Cette nécessité existe, et je l'invoque à titre de
» circonstance atténuante.

» J'ai à vous faire une communication de la plus

» haute importance au sujet d'un passé déjà loin-
» tain....

» J'ai à vous révéler un secret d'où dépendent
» votre repos, votre avenir, celui du comte de Roche-
» gude et celui de vos deux enfants...

» Daignez donc, madame la comtesse, m'accor-
» der aujourd'hui même un indispensable entretien,
» et veuillez faire en sorte que cet entretien ne puisse
» avoir de témoins indiscrets...

» Rien de plus facile...

» Je sais que chaque jour, en compagnie de ma-
» demoiselle de Cernay, vous conduisez vos fils au
» bois de Boulogne où je vous ai rencontrée souvent.

» Laissez votre sœur sortir sans vous cette après-
» midi. — Cela est arrivé plus d'une fois, donc cela
» paraîtra tout simple.

» Une demi-heure après le départ de la jeune
» fille et des enfants, je me présenterai à votre hôtel...
» — J'ose espérer que vos gens auront reçu les ordres nécessaires et que je ne trouverai pas porte
» close... — Non-seulement je l'espère, mais je le
» crois... Je dirai presque que j'en suis sûr, tant je
» compte sur votre intelligente bienveillance...

» Si, par aventure, je me trompais, si vous refu-
» siez de m'accueillir, ce serait une faute grave dont
» vous regretteriez bien vite et très-amèrement les

» conséquences, mais je ne veux rien prévoir de » semblable...

» A bientôt donc, madame la comtesse, et per» mettez-moi de me dire avec un profond respect et » un inaltérable dévouement,

» Le plus humble et le plus soumis de vos admi» rateurs.

« COMTE D'ANGÉLIS. »

Madame de Rochegude avait lu jusqu'au bout, rapidement, sans s'arrêter, mais sans sauter un mot.

Quand elle eut achevé, la lettre tomba sur ses genoux.

Ses deux mains éparpillèrent ses cheveux sur son front, par ce geste naturel et tout machinal devenu de tradition au théâtre pour exprimer le désordre absolu de la pensée, et même la folie naissante.

Elle était horriblement pâle. — Elle avait le regard fixe et le visage décomposé.

Pendant quelques instants son immobilité fut complète. — Plus blanche qu'une morte et respirant à peine, elle semblait atteinte de catalepsie.

Le vide se produisait dans son cerveau.

Elle se répétait :

— Je dors, et je fais un rêve affreux !...

Une soudaine contraction de ses traits annonça son retour à la vie réelle.

Deux larmes détachées de ses longs cils roulèrent sur ses joues...

Elle releva la tête et, reprenant la lettre, elle la relut avec lenteur, pesant chaque expression, étudiant le sens de ces phrases venimeuses et polies où la menace se cachait sous le respect comme le stylet d'un assassin sous les plis d'un manteau.

Oui, le comte d'Angélis, imposant une entrevue qu'il prétendait solliciter, menaçait Valentine. — C'était clair, lumineux, indiscutable.

Mais quelle portée avait la menace? — Que pouvait-il? — D'ou viendrait le danger? — Sur quelle base reposerait la tentative de chantage à laquelle il allait évidemment se livrer?...

Voilà ce que madame de Rochegude ne pouvait ni comprendre, ni pressentir, et, comme le mystère est toujours effrayant, voilà ce qui lui faisait peur.

Cet homme parlait du passé de Valentine...

La jeune femme n'avait rien à cacher... — Son existence était aussi limpide que le cristal, et Lionel la connaissait tout entière.

De quel secret pouvait dépendre son repos, son avenir, l'avenir de son mari et celui de ses deux fils?

Il n'y avait aucun secret dans sa vie.

M. d'Angélis mentait donc, et cependant Valentine, sachant qu'il mentait, ne mettait pas en doute l'existence d'un sérieux péril... — Elle sentait ce péril flotter autour d'elle et autour des siens, comme on sent l'électricité répandue dans l'air, sans la voir, par un temps d'orage.

— Il ne faut plus penser... Il ne faut plus chercher... — se dit-elle en se dressant brusquement, — je deviendrais folle... — Il faut agir... — Je ne suis plus une enfant craintive qu'on intimide avec des mots... — Je suis femme... Je suis épouse et mère... Mon devoir est d'être forte, et mon droit est de me défendre... — Je serai forte et je me défendrai...

L'attente et l'incertitude sont d'intolérables supplices.

Valentine résolut d'en finir au plus vite, et décida que ce jour même elle recevrait le Poméranien.

En conséquence, elle chargea sa sœur d'accompagner au bois de Boulogne Armand et Georges, et, dès que la jeune fille eût quitté l'hôtel avec les enfants, elle donna l'ordre au valet de chambre d'introduire au salon le comte d'Angélis dès qu'il se présenterait.

Cette dérogation à la consigne habituelle causa certainement une assez vive surprise au valet, mais il n'en laissa rien paraître et se contenta de demander :

— S'il vient d'autres personnes pendant cette visite, que devrai-je faire?

La comtesse hésita.

M. d'Angélis réclamait une solitude absolue; mais n'ouvrir la porte qu'à lui semblerait à coup sûr étrange et compromettant.

Aussi répondit-elle presque aussitôt :

— Je recevrai tout le monde...

Le valet de chambre sortit.

Valentine se regarda dans une glace.

— Comme je suis pâle!... — murmura-t-elle. — Cet homme va venir... je ne veux pas qu'il croie que sa présence me fait peur...

Passant alors dans son cabinet de toilette elle étala un peu de rouge sur ses joues, mais, en plein épanouissement de fraîcheur et de jeunesse et n'ayant point l'habitude d'employer des fards inutiles, elle outra la dose et ne réussit qu'à donner à son visage une expression fébrile.

Ensuite elle se rendit au salon.

Elle y entrait à peine lorsque résonna le timbre de l'hôtel annonçant un visiteur.

— C'est lui... — se dit la jeune femme.

Pendant quelques secondes son cœur cessa de battre et sa respiration s'arrêta.

Au bout d'un temps très-court, mais qui lui suffit

pour se remettre, le valet de chambre parut sur le seuil et annonça :

— Monsieur le comte d'Angélis...

Puis il se retira en refermant la porte derrière lui.

LXV

Debout auprès de la cheminée, absolument calme et maîtresse d'elle-même, Valentine attendait.

Hermann Vogel, tenant de la main gauche sa petite canne à pomme d'or et son chapeau à coiffe blanche, fit quelques pas, s'inclina profondément, avec la correction respectueuse d'un diplomate en visite chez la femme d'un ambassadeur, et franchit la distance qui le séparait de madame de Rochegude.

Il souriait, mais l'expression de son sourire était singulière.

Valentine, d'un geste vague, sembla l'inviter à prendre un siége.

Il salua pour la seconde fois et s'assit sans prononcer une parole.

Madame de Rochegude fit appel de nouveau à toute son énergie.

— Vous m'avez écrit, monsieur, — dit-elle, — et quoique votre demande me parût insolite, je n'ai pas cru devoir l'accueillir pas un refus... — Les termes de votre lettre étaient si pressants et si mystérieux qu'ils ont piqué ma curiosité, je l'avoue... — Je suis prête à vous écouter, mais, vous le comprenez aussi bien que moi, cet entretien ne saurait être long... — Parlez donc... — Qu'avez-vous à m'apprendre?...

— Madame la comtesse, — répliqua Vogel, — permettez-moi de vous témoigner d'abord ma vive reconnaissance... — Je vous remercie mille fois d'avoir agréé ma requête, et surtout d'avoir écarté les témoins indiscrets d'un entretien que nul ne doit entendre...

Valentine prêtait l'oreille en frémissant.— A mesure que parlait son interlocuteur elle sentait renaître l'angoisse effroyable éprouvée par elle quelques jours auparavant chez la marquise de Simeuse.

Il suffira d'un mot pour expliquer cette angoisse.

Le visiteur n'avait plus l'organe guttural et l'accent tudesque qui donnaient au personnage du comte d'Angélis un cachet tout particulier.

Il venait de s'exprimer comme un Parisien pur sang.

— Cette voix... — balbutia la comtesse, — cette voix, mon Dieu !... cette voix...

Les lèvres de Vogel ébauchèrent un sourire.

— Ce n'est pas la première fois que vous l'entendez, n'est-ce pas ? — demanda-t-il ensuite.

— C'est celle d'un homme qui n'existe plus... — murmura la jeune femme avec égarement.

— Un homme à qui, peut-être, vous daigniez vous intéresser ? — reprit Hermann.

— Toujours... toujours cette voix... — s'écria Valentine... — Vous me faites peur, monsieur !.. — Je rêve ou je deviens folle...— Les morts sortent-ils du tombeau ?

— Entre nous, j'en doute un peu, madame la comtesse ; — répliqua le faux Angélis en riant, — et d'ailleurs, s'il faut en croire les légendes de tous les temps et de tous les pays, les trépassés qui reviennent sur la terre sont des êtres immatériels, de purs esprits, des larves, des fantômes... — Or, je me crois vivant, très-vivant, et l'on m'étonnerait beaucoup en m'affirmant que j'ai l'air d'un spectre...

— Cette incertitude est horrible... — pensait madame de Rochegude.— Il faut en sortir à tout prix... — Je veux savoir... — Je veux être sûre...

Puis, levant les yeux sur Hermann à demi renversé dans son fauteuil et souriant, elle reprit avec une apparente fermeté qui cachait une immense défaillance :

— Vous m'avez écrit au nom des souvenirs d'un passé odieux... — Vous m'avez parlé d'un secret menaçant l'avenir de ceux qui me sont chers... — Que savez-vous de ce passé ? — Que vous importe cet avenir ? — Qui êtes-vous, enfin?...

— Eh! madame la comtesse, — répliqua Vogel, — depuis notre rencontre chez la marquise de Simeuse, vous luttez de toutes vos forces contre votre mémoire, et vous luttez en vain ! ! — Le soir de cette rencontre, malgré dix ans passés, dix ans qui n'ont fait que glisser sur vous mais dont je porte la rude empreinte, vous m'avez reconnu... — Votre défaillance soudaine en était la preuve irrécusable... — M'a-t-il suffi de modifier ma voix, de changer mon accent, pour ébranler votre certitude?... — Permettez-moi de n'en rien croire... — Regardez-moi donc bien en face, de près et les yeux dans les yeux, et je vous défie, Valentine, de me demander encore qui je suis...

En même temps la figure d'Hermann reprenait cette expression de fatigue, d'ennui, de brutalité, si souvent et si douloureusement constatée par la jeune femme, au Bas-Meudon, pendant les terribles derniers mois de l'existence commune.

— C'est lui ! — balbutia madame de Rochegude en joignant ses mains tremblantes. — Seigneur... Seigneur mon Dieu, prenez pitié de moi !... C'est lui !...

— Oui, chère madame, c'est parfaitement moi... — répondit Vogel, — et je constate que vous ne paraissez pas le moins du monde enchantée de me revoir... ce dont j'aurais le droit de me blesser un peu, après une si longue séparation...

Valentine entendait à peine.

Elle était foudroyée, littéralement. — Elle se sentait perdue. — Un anéantissement presque complet ne laissait de place en son âme que pour la souffrance, une souffrance aiguë, poignante, inexprimable, et elle répétait à demi-voix, sans même savoir que ses lèvres articulaient des sons :

— Vivant !... — il est vivant !...

— Oui, mordieu ! — reprit Vogel. — Bien vivant, je vous assure, et fort disposé à vivre longtemps... Je n'ai jamais songé sérieusement à mourir...

— Mais cette déclaration de suicide écrite et signée de votre main ?... — murmura Valentine...

— Une simple comédie... ou plutôt tragi-comédie...

— Ce cadavre qu'on a pris pour le vôtre ?...

— Celui d'un homme avec qui je venais d'avoir une discussion très-orageuse...

— Et que vous avez assassiné !... — fit la comtesse glacée d'horreur.

— Ah ! chère madame, le vilain mot et l'abominable pensée !...— répliqua vivement Hermann. — Il n'y eut point assassinat, il y eut duel...

— Duel sans témoins, alors ?...

— Avec un témoin, et ce témoin existe ; il est à Paris tout à ma disposition, et il affirmera quand je le voudrai la loyauté parfaite du combat en question...

Après un silence d'un instant, l'ex-caissier continua :

— Au moment de notre séparation, les circonstances étaient critiques pour moi... singulièrement critiques ... — La justice me recherchait par erreur... (ces coquins de gens de loi n'en font jamais d'autres !...) Une si fâcheuse erreur me mettait en péril...

— Une erreur, dites-vous ! ! — interrompit Valentine...

— Oui, certes !

— Osez-vous donc prétendre qu'en vous poursuivant comme faussaire on vous calomniait ?...

— Assurément, je l'ose ! ! ! — J'étais dupe du faussaire... sa première dupe...

— Vous étiez son complice ! — C'est vous, monsieur,

vous seul, qui mettiez en circulation les traites fausses... — Je le sais bien, moi qui les ai payées...

Vogel s'inclina.

— Ah ! — dit-il, — vous avez payé ?...

— Il fallait à tout prix sauver l'honneur de votre nom...

— J'en suis reconnaissant... — C'est un compte à régler entre nous... — Nous le réglerons, n'en doutez pas, et au mieux de vos intérêts !... Je reprends : — Pour me soustraire à des poursuites désobligeantes, je fus contraint de m'expatrier... — Au bout de quelques mois j'envoyai aux informations ... — J'appris que la justice ne songeait plus à moi... — Ignorant que vous aviez désintéressé le banquier Jacques Lefebvre, je dus croire et je crus que messieurs les gens de loi avaient reconnu, quoiqu'un peu tard, qu'en s'attaquant à moi ils faisaient fausse route. — Je rentrai en France, je revins à Paris, et je courus au Bas-Meudon...

Hermann, en grand comédien qu'il était, sut donner à son visage mobile une expression sentimentale et poursuivit d'une voix attendrie :

— Mon cœur battait d'espoir et d'amour... J'allais vous retrouver... quelle ivresse !... — Ah ! je vous aimais bien...

— Non, vous ne m'aimiez pas ! — interrompit de

nouveau Valentine en haussant les épaules, — vous ne m'aviez jamais aimée !...

— Pourquoi donc vous ai-je épousée?

— Parce que j'étais la nièce de Maurice Villars, que vous saviez millionnaire, et que vous comptiez sur son héritage ! C'est pour cela, et pour cela seulement, que vous avez fait de moi votre femme !...

Hermann ébaucha un geste de découragement.

— Ainsi, — murmura-t-il, — en moi tout vous semble suspect. Mes actes, mes paroles, et jusqu'à mes pensées, vous incriminez tout ! ! — A présent comme jadis, je me heurte contre un parti pris de défiance aveugle ! ! — C'est profondément triste !... Dieu sait que vous me jugez mal, mais je vous le pardonne !... — Oui, Valentine, je vous aimais, et d'ailleurs, au moment de ma fuite, n'alliez-vous pas me donner un enfant !... — Je jouissais d'avance de votre surprise et j'osais croire à votre joie...

Hermann baissa la tête, et d'une voix lente et comme brisée continua :

— Hélas ! au lieu de la joie rêvée, une cruelle déception m'attendait !...— Je reçus un coup si rude que je faillis y succomber... — Vous aviez quitté brusquement le Bas-Meudon le lendemain de mon départ, et c'est en vain que je cherchai vos traces !... — Je versai des larmes amères ; je maudis l'existence où désormais j'allais me trouver seul, et j'appelai de toutes mes forces la mort qui ne m'obéit pas! Pendant dix ans j'ai vécu comme une âme en peine, continuant mes vaines recherches, vous attendant sans cesse et vous espérant toujours...

LXVI

Hermann Vogel avait prononcé d'un ton mélancolique et passionné les dernières phrases que nous venons de reproduire.

Il fit semblant d'essuyer une larme et poursuivit :

— Oui, les souffrances que j'ai subies attendriraient un cœur de rocher... Mais à quoi bon parler de ces choses?... — Le passé n'est qu'un mauvais rêve... J'oublie les chagrins évanouis... mon étoile brille au ciel de nouveau et l'avenir redevient radieux pour moi, puisque je vous aime toujours et que je vous ai retrouvée...

Ayant ainsi parlé l'ex-caissier se tut et fixa sur Valentine un regard étincelant.

La jeune femme demeurait muette. —Elle semblait changée en statue.

—Chère madame, —reprit Hermann avec un accent presque railleur, — le silence a son éloquence, du moins les chansons l'affirment, mais je craindrais fort de tomber en quelque grave erreur si j'essayais d'interpréter le vôtre... Est-ce la joie de me revoir qui vous immobilise ainsi ?...

Le cynisme inouï de cette question arracha violemment Valentine à sa torpeur douloureuse.

— Cessez, — balbutia-t-elle, — cessez une comédie odieuse qui ne saurait nous tromper une minute... — Vous avez tendu volontairement le piège dans lequel je suis tombée il y a dix ans !... — Ce n'est pas seulement la justice que vous vouliez abuser, c'est moi, et vous avez combiné tout pour me faire croire à votre mort ! !

— Quand cela serait? — demanda Vogel avec impudence.

— Cela est. — Osez-vous le nier?

— Eh bien ! oui, cela est, et vous me devez des actions de grâces, après tout, car vous rendre veuve c'était vous rendre heureuse, et les larmes versées sur moi n'ont pas terni beaucoup l'éclat de vos yeux ! Vous faisiez profession à mon endroit d'une tendresse modérée !...

— Je connaissais mes devoirs d'honnête femme... — je m'efforçais de les remplir... — je souffrais sans me plaindre, vous le savez bien... — Votre retour est un coup de tonnerre... il me brise... il me tue...

— A la bonne heure! — s'écria Vogel avec un ricanement, — à la bonne heure! voilà de la franchise!...

— Eh! monsieur, — répliqua Valentine emportée par son indignation, — puis-je éprouver pour vous autre chose aujourd'hui qu'une haine sans bornes et qu'un profond mépris?... — Vous me faites horreur!... — Votre existence n'est qu'un long tissu de mensonges et d'infamies! — Un crime nous avait unis, un crime nous a séparés... — Pourquoi êtes-vous ici? — Que voulez-vous? qu'espérez-vous? qu'attendez-vous de moi?

— Je vous ai dit que je vous aimais!!! — Ce que j'attends, ce que j'espère, ce que j'exige, c'est un rapprochement...

La comtesse frissonna.

— Un rapprochement! — répéta-t-elle. — Un rapprochement entre nous!... — Vous savez bien que c'est impossible!...

— Impossible? — Allons donc! — Nous sommes unis devant Dieu et devant les hommes par des liens indestructibles...

— Ces liens maudits n'existent plus !... Vous les avez brisés vous-même en vous faisant passer pour mort...

— Vous parlez comme une enfant, ma chère, — répliqua Vogel, — et vous prenez vos rêves pour des réalités. — Le mariage est indissoluble aussi longtemps que les époux vivent, la loi le veut ainsi. — Or, vous avez la preuve que je suis bien vivant.

— Je possède votre acte mortuaire et j'ai dû le produire pour la célébration d'un second mariage.

— Erreur ne fait pas compte, et mon acte mortuaire ne prouve pas que je sois mort... — Certes vous étiez de bonne foi, je ne prétends point le contraire, mais vous n'en êtes pas moins ma femme...

Valentine cacha dans ses mains son visage plus blanc qu'un marbre une seconde auparavant, et que maintenant le feu de la honte empourprait.

— Votre femme... — balbutia-t-elle. — Non ! cent fois non !... — je suis la comtesse de Rochegude...

— Vous êtes madame Vogel, et rien que madame Vogel... — Votre second mariage est nul... Vous avez deux enfants, mais vous n'avez qu'un fils légitime, le mien, celui qui doit porter mon nom... l'autre n'est qu'un bâtard...

Les sanglots de la malheureuse femme éclatèrent.

Son cœur bondissait dans sa poitrine comme un

oiseau captif qui veut briser sa cage, — Elle se tordait les mains.

Hermann laissa pendant quelques minutes un libre cours à cet effrayant désespoir, puis, lorsqu'il lui sembla que la crise diminuait d'intensité, il reprit :

— A quoi bon ces gémissements et ces larmes ? — On ne lutte pas contre les faits accomplis... — Soumettez-vous à ce qui est irrévocable... — Maudissez ma résurrection, je le veux bien, mais acceptez-la...

— Eh, bien ! non ! — répliqua Valentine en relevant la tête. — Je ne l'accepte pas !

— En vérité?... — fit Vogel ironiquement.

— Vous mentez à présent comme vous avez menti toujours ! — Vous tentez de vous imposer à moi par l'épouvante !... — Je nie vos droits ! j'engage la lutte !... Je ne vous connais pas et je vous ordonne de sortir ! !

— Et si je refuse? — demanda l'ex-caissier.

— Je sonnerai mes valets et je leur dirai : « *Cet homme m'insulte! Délivrez-moi de lui !* » Que ferez-vous alors ?...

— Je céderai à la force aujourd'hui, pardieu ! c'est tout simple... — Mais ne triomphez pas trop vite. — Demain, j'aurai ma revanche...

— Et comment?

— Je pourrais vous le taire... je veux bien vous l'apprendre... — Je m'adresserai à la justice...

— A la justice, vous!

— Parfaitement.

— Vous avez tout à craindre d'elle, vous le savez bien...

— Je n'ai rien à craindre...— En admettant l'existence de certaines peccadilles au sujet desquelles on aurait pu m'inquiéter jadis, — (peccadilles que je nie de toutes mes forces!) — dix ans et plus se sont écoulés... Il y a prescription... Je suis blanc comme neige et je puis déposer ma carte de visite chez le procureur impérial sans le moindre danger... — J'entame un procès... — Je mets en cause M. de Rochegude et vous-même... — Je m'inscris en faux contre l'acte de décès porté mal à propos sur les registres de l'état-civil du Bas-Meudon, je prouve mon existence, je réclame ma femme, et mon fils, et, comme la loi est la loi, on ne peut refuser de me les rendre...

— La loi serait donc bien infâme!! — s'écria Valentine.

— Infâme? — répéta Vogel en riant. — Et pourquoi cela, s'il vous plaît? — Elle se montrera juste, au contraire, en restituant à César ce qui est à César...

— Je ne veux pas vous croire! — Si vous aviez l'audace d'intenter cet abominable procès, ce serait pour le perdre...

— Soit ! — Modifions le dénouement puisque cela vous est agréable, et supposons que contre toute vraisemblance, contre toute équité, les juges vous donnant gain de cause et annulant la première union vous laissent au second époux... — Vous admettez cela, je pense ?

— Certes !...

— Quel immense tapage fera cette affaire, reproduite et commentée par des journaux sans nombre, et destinée à tenir sa place dans les recueils des causes célèbres ! — Traduit en toutes les langues, ce procès retentira dans l'Europe entière ! — Que dis-je, l'Europe ? — Il ira plus loin encore, il accomplira le tour du monde et deviendra légendaire...

—Mon Dieu...mon Dieu !... — balbutia Valentine.

Hermann continua :

— Que pensez-vous de l'éclat ajouté par ce bruit infernal au beau nom de Rochegude? — Que pensez-vous de la joie du comte, possesseur, à la face de l'univers, d'une femme dont le premier mari se porte à merveille ?... — Supposez-vous que son amour, dont vous vous sentez si sûre et dont sans doute vous êtes si fière, puisse survivre longtemps à cette catastrophe?... —Vous ne répondez point, chère madame, et bien vous faites, car vous sentez que j'ai cent fois raison et qu'entre M. de Rochegude et vous tout sera fini sans retour. — Quant à mon fils, je n'en parle pas... — La question, en ce qui le touche, est indiscutable... — La loi, les hommes et Dieu lui-même, seraient impuissants à me l'enlever... Rien ne peut m'empêcher de le prendre, puisqu'il est à moi, de l'élever à mon école, de le former à mon image; enfin, pour tout dire en un mot, de le rendre digne de son père...

Dans l'état où se trouvait Valentine, il semblait qu'aucune souffrance ne pût s'ajouter à son immense douleur.

Et pourtant la dernière menace d'Hermann lui fit une nouvelle blessure, la plus cuisante peut-être de toutes.

Un frisson courut sur sa chair... — Son âme se révolta. — Un flot d'énergie ravivée lui permit de relever la tête, de regarder Vogel en face et de lui dire avec une suprême énergie :

— Vous croyez avoir tout prévu, monsieur !... — Vous vous trompez...

— Ai-je donc par hasard oublié quelque chose? — demanda le misérable en souriant.

—Oui...

— Alors poussez la courtoisie jusqu'à me venir en

aide, chère madame, car j'ai beau chercher... — Parole d'honneur, je ne trouve rien...

— Vous avez oublié que je pouvais mourir !... — Moi morte, vous êtes vaincu !

LXVII

— Moi morte, vous êtes vaincu!... — avait dit Valentine avec l'accent d'une résolution farouche à laquelle il fallait ajouter foi.

Pendant quelques secondes Hermann sembla déconcerté, et le fut en effet, mais un sourire sceptique ne tarda point à crisper ses lèvres.

— Chère madame, — répliqua-t-il, — voilà d'inutiles paroles... — Vous ne me persuaderez jamais que vous songiez sérieusement à vous réfugier dans la tombe.

— Pourquoi donc? — demanda la jeune femme. — Vous qui me connaissez, croyez-vous par hasard que j'ai peur de la mort?

— Oh! je vous crois tous les courages; mais, comme vous le dites, je vous connais, je vous sais chrétienne, et j'ai la certitude qu'au moment d'attenter à votre vie vous réfléchirez que le suicide est un crime, et vous n'irez pas jusqu'au bout...

— Vous vous trompez! — s'écria Valentine dont l'exaltation grandissait. — Il est des crimes que leur but rend presque sacrés, et je compte sur l'infinie miséricorde de Dieu, qui est un père en même temps qu'il est un juge... — Je ne reculerai point et je n'hésiterai pas... — Je suis prête à faire non-seulement le sacrifice de ma vie, mais celui de mon salut, au repos de ceux que j'aime!!

— C'est du fanatisme, cela!!

— Non, monsieur, c'est du dévouement...

Les yeux de Valentine étincelaient. — Les rayonnements d'une flamme intérieure illuminaient son visage pâle et le rendaient splendide.

Elle avait l'air d'une jeune martyre allant d'un pas ferme au supplice en proclamant sa foi.

Hermann n'était pas homme à se laisser détourner du but, mais il sentit que, loin de marcher à ce but, en ce moment il faisait fausse route.

Aussitôt, avec la prodigieuse souplesse d'un esprit fertile en expédients, le misérable changea ses batteries.

Il sut donner à son visage mobile une expression douloureuse.

— Ainsi, — murmura-t-il, — entre la mort et moi, vous choisiriez la mort?

— J'espère que vous n'en doutez pas!...

— Et vous me supposez capable de prononcer l'arrêt et de vous contraindre à l'exécuter?...

— L'expérience du passé éclaire de tristes lueurs le présent et l'avenir... — Je vous crois capable de tout, vous l'avez trop prouvé!...

— Valentine, vous me jugez mal! — reprit Hermann, après un silence, d'une voix lente et mélancolique. — Certes, je ne vaux pas grand'chose, mais je vaux cependant mieux que vous ne pensez... — En sollicitant cette entrevue j'avais, il est vrai, l'intention formelle de vous contraindre par tous les moyens à revenir à moi... — Cette intention n'existe plus... — Votre désespoir m'a touché, en même temps que votre résolution terrible m'épouvantait... — Je vois que vous arracher au bonheur présent serait littéralement vous tuer... — A quoi me servirait d'être votre bourreau? — Vivez donc, Valentine, vivez heureuse, vivez tranquille... — Vous n'avez, désormais, rien à craindre de moi...

Madame de Rochegude regardait Vogel avec des yeux agrandis par la stupeur.

Elle entendait bien ses paroles, mais elle ne pouvait y croire, tant un si grand et si brusque changement lui semblait incompréhensible.

— Est-ce vrai, cela? — balbutia-t-elle, — est-ce bien vrai?

— Je vous le jure.

— Si vous êtes sincère, je vous pardonne du fond du cœur tout ce que j'ai souffert par vous, et je demande à Dieu de vous pardonner comme je le fais...

— Je suis sincère... vous en aurez la preuve...

— Et mon fils aîné... — murmura la jeune femme, reprise tout à coup d'une grande angoisse, — mon fils aîné... le vôtre... vous me le laisserez, n'est-ce pas?

— Que ferais-je de cet enfant? — répondit vivement Hermann. — Pour lui je ne suis rien... — Il ignore mon existence... — Il ne saurait m'aimer... — Il est mille fois mieux dans vos mains que dans les miennes... — Gardez-le donc et ne tremblez plus... — Non-seulement je vous le laisse, mais encore je renonce pour l'avenir à tous mes droits sur lui... — A partir de cette heure l'ex-caissier Vogel est bien mort... — La comtesse de Rochegude peut dormir en paix! — Vous le voyez, madame, le sacrifice est absolu et vous pouvez être contente de moi...

Valentine, dans sa détresse, avait un tel besoin de

croire et d'espérer, qu'en écoutant Hermann parler ainsi elle ne conserva ni doute, ni défiance...

Elle se sentit revivre.

Un flot de reconnaissance inonda son âme.

— Ah! je vous crois! — s'écria-t-elle. — Je vous crois et je vous bénis! — Dieu vous avait fait bon... — votre cœur redevient ce qu'il était jadis!... — Vous venez de chasser mes terreurs et de rendre le repos à mon âme... — Cela vous sera compté! — Une noble action efface bien des fautes... — Votre avenir, je l'espère de toute mon âme, rachètera votre passé...

— Je l'espère comme vous, madame, et j'y compte...

— Jusqu'à mon dernier souffle, — reprit Valentine, — je me souviendrai qu'il a dépendu de vous de briser mon bonheur, et que vous ne l'avez pas fait... — Je prierai chaque jour pour vous, et, si Dieu daigne exaucer mes prières, vous serez heureux...

— Votre voix est celle d'un ange... — Comment Dieu ne l'écouterait-t-il pas?...

Puis Hermann, quittant son fauteuil, reprit avec un redoublement d'hypocrisie :

— Nous sommes au moment de nous séparer de nouveau, madame la comtesse, ET POUR TOUJOURS! — (il appuya sur ces trois mots). — Refuserez-vous de me tendre la main en signe de pardon et d'oubli?

— Oui, monsieur... — répondit fermement Valentine, — je refuserai.

— Et pourquoi, puisque nous ne sommes point ennemis?... — murmura l'ex-caissier.

— J'ai pardonné, vous le savez bien, et l'oubli du passé est déjà dans mon âme... — Mais ma main ne m'appartient plus et ne doit point toucher la vôtre...

— Que votre volonté soit faite... — murmura Vogel en feignant d'étouffer un soupir. — Adieu madame!... que Dieu vous protége!! — Ah! je possédais un inestimable trésor et je l'ai follement perdu!... — J'ai commis de grandes fautes et j'en suis puni, c'est justice!... L'expiation est cruelle, mais elle est méritée... — Adieu encore... adieu pour toujours...

— Adieu, monsieur... — fit la comtesse d'une voix faible.

Après s'être incliné respectueusement, le faux comte d'Angélis quitta le salon en jouant, pour la seconde fois, la comédie d'essuyer ses yeux.

A peine avait-il refermé la porte derrière lui que madame de Rochegude, profondément émue, gagna son oratoire, et, se laissant tomber à genoux devant le grand christ d'ivoire, éleva son âme en un cantique d'actions de grâces, tandis que d'abondantes larmes, qui n'étaient point sans douceur, inondaient son visage.

Pendant ce temps, Vogel rejoignant la voiture qui l'avait amené, pensait :

— Ce n'est pas un *adieu* qu'il fallait nous dire, madame la comtesse, car le jour est proche où nous nous reverrons... — Ce jour-là nous ferons ensemble un marché... — Je vous vendrai le repos qu'aujourd'hui vous croyez follement que je vous donne ; je vous le vendrai ce qu'il vaut, par conséquent fort cher, et vous payerez sans marchander !... — J'ai fait tout à l'heure un coup de maître... — Mon désintéressement superbe, mon apparente générosité, changent pour vous en paroles d'Évangile mes premières menaces dont la réalisation serait impossible... — Je puis désormais parler en maître absolu... — Vous croirez tout et ne discuterez rien...

Laissons s'écouler un intervalle de quelques semaines et prions nos lecteurs de franchir avec nous le seuil du petit entre-sol meublé qu'occupaient, rue Caumartin, Graf von Angélis et son fidèle Fritz, c'est-à-dire Hermann Vogel et Charles Laurent.

Cet entre-sol se composait d'une antichambre microscopique, d'une salle à manger grande comme la main, d'un salon et d'une chambre à coucher.

Le salon étant la plus belle pièce de l'appartement et la moins utile, puisqu'on ne recevait personne, Hermann en avait fait sa chambre en y mettant le lit.

L'ex-Lorbac couchait sur un canapé.

Les deux hommes ne dînaient jamais chez eux.

Un restaurateur du voisinage leur envoyait chaque matin un déjeuner modeste, qu'ils expédiaient en cinq minutes sur la table ronde du salon.

Charles Laurent avait métamorphosé la salle à manger en atelier. — C'est là qu'il gravait avec une infatigable persévérance les plaques de cuivre destinées à inonder de faux billets la France, l'Europe et le monde.

Le travail était long et difficile car il s'agissait d'arriver, non à une imitation plus ou moins réussie, mais à la perfection absolue...

Charles Laurent se prétendait sûr d'obtenir un résultat si complet que la Banque elle-même, trompée la première, échangerait sans défiance à ses guichets des rouleaux de bon or contre les billets de mauvais aloi.

Il comprenait bien qu'il lui faudrait dépenser

beaucoup de temps et beaucoup de travail avant d'atteindre son *desideratum*, mais, soutenu par l'espoir du succès, il ne se décourageait pas et maniait le burin dix heures par jour, tandis qu'Hermann Vogel allait à ses affaires ou à ses plaisirs.

— Savez-vous, cher ami, — lui dit-il un jour en riant, — que, lorsque j'aurai réussi, vous deviendrez millionnaire sans vous être donné beaucoup de mal pour cela!! — *Vous vous la passez douce!*... — Que diable faites-vous du matin au soir, vêtu comme un prince et courant la ville?

— Vous le savez bien... — répondit Hermann. Je cherche ma femme...

— Et vous ne la trouvez pas?

— Non...

— Etes-vous au moins sur la trace?

— En aucune façon... — Nul indice ne vient me guider dans le labyrinthe, et je commence à désespérer.

— Tant pis! Il y avait là des capitaux sérieux dont j'aurais eu ma part...

— Oui, certes! — s'écria Vogel, — et je vous l'aurais faite très-ample!! — Nous ne sommes pas seulement des intimes, nous sommes des frères!!... C'est en frères que nous aurions partagé!!...

LXVIII

Hermann Vogel et Charles Laurent n'avaient point de domestiques.

Le concierge de la maison se chargeait de mettre en ordre leur appartement, et les deux hommes le payaient de façon très-large afin de bien lui prouver que, s'ils se passaient de serviteurs, c'était pour être plus libres et non dans le but de réaliser une mesquine et insignifiante économie.

Aussi ce digne fonctionnaire faisait-il profession d'un dévouement sans bornes à l'endroit de M. le comte d'Angélis et de son ami Fritz.

Il s'étonnait seulement un peu de ne pouvoir mettre les pieds dans la salle à manger quand les locataires étaient sortis, et de trouver en leur absence la porte de cette pièce fermée à double tour, et défendue en outre par un solide cadenas, à combinaisons et à secret comme une serrure coffre-fort.

Cela lui semblait singulier, — nous le répétons, — inexplicable, mais point suspect.

Des étrangers si généreux ne pouvaient être, selon lui, que les plus honnêtes gens du monde...

On était à la fin de la première quinzaine du mois de décembre.

Deux heures de l'après-midi venaient de sonner à la pendule du petit salon transformé en chambre à coucher par Hermann Vogel.

Charles Laurent se livrait à huis clos, dans la salle à manger, à ses travaux habituels de gravure.

L'ex-caissier de Jacques Lefebvre, assis dans le salon près de la table ronde, écrivait sur ce papier gris perle, épais et satiné, que nous connaissons déjà.

Le pouvoir discrétionnaire dont nous sommes investis en notre qualité de romancier, nous donne le droit de lire par-dessus son épaule.

Nous allons en user.

Voici la lettre :

« Madame la comtesse,

» En vous disant : *Adieu pour toujours!* lors de
» notre unique entrevue, j'avais trop compté sur mes

» forces. — Je me suis aperçu bien vite que j'éprou-
» vais le besoin impérieux de vous revoir, mais de
» loin, silencieusement, et de manière à ne vous causer
» ni trouble ni défiance.

» J'espérais vous rencontrer dans le monde, je le
» désirais avec ardeur, et j'avais pris des mesures
» pour me faire ouvrir la plupart des maisons que
» vous fréquentez habituellement.

» Une prompte déception m'attendait...

» Autant je mettais d'empressement à vous re-
» chercher, autant vous mettiez d'obstination à me
» fuir... — Depuis le jour où vous m'avez fait la
» grâce de me recevoir, vous n'avez pas quitté votre
» hôtel dans la crainte de me rencontrer sur votre
» passage!!

» Je pourrais m'étonner d'un procédé sem-
» blable...

» J'aurais le droit de vous dire que c'est mal re-
» connaître l'abnégation et le dévouement dont je
» vous ai donné de si éclatantes preuves... — Je me
» garderai de le faire... — Ce n'est pas pour me
» plaindre que je vous écris...

» Je vais droit au but...

» L'homme propose et les nécessités de la vie dis-
» posent! — J'avais pris l'engagement, vis-à-vis de
» vous et de moi-même, de ne plus vous importuner

» de ma présence, et je ne puis tenir la parole don-» née...

» Des circonstances inattendues et fort grave me » contraignent à solliciter de vous un nouvel entre-» tien...

» Cet entretien, plus sérieux encore que le pre-» mier, doit être aussi de plus longue durée...

» Je comprends à merveille que vous ne pourrez » pas cette fois me recevoir chez vous... — Une telle » dérogation à vos habitudes étonnerait votre entou-» rage...

» J'ai cherché quelque bon moyen de concilier vos » intérêts et les miens. — Je crois l'avoir trouvé, et » voici ce que je vous propose : — Cette lettre, arri-» vant dans vos mains ce soir vendredi, ne pourra » tomber sous les yeux du comte, reparti pour Pro-» vins il y a quarante-huit heures après vous avoir » fait une visite de deux jours... — Je suis certain » de ce que j'avance, car, en bon capitaine, j'entre-» tiens des intelligences dans la place assiégée... — » Demain samedi, il y a bal à l'Opéra... — Or, le bal » de l'Opéra est un terrain neutre sur lequel amis et » ennemis se rencontrent et se coudoyent...

» Entre minuit et demi et deux heures du matin » enveloppez-vous dans les plis d'un domino noir, » attachez sur votre épaule droite un nœud mi-parti

» de rubans roses et bleus, montez dans un fiacre si » vous ne voulez point vous servir de votre voiture et » de vos gens, et venez à l'Opéra.

» Point d'objections, je vous en supplie!! Ce que » je demande vous sera, sinon facile, du moins pos- » sible, puisque vous êtes absolument libre.

» Une fois rue Lepelletier, vous monterez au pre- » mier étage et vous vous dirigerez vers la loge de » galerie portant le numéro 19, et toute voisine de » celle que vous occupez habituellement.

» Vous frapperez trois coups à la porte; — c'est » moi qui vous ouvrirai.

» Je crois pouvoir compter d'une manière absolue, » madame la comtesse, sur l'empressement que vous » voudrez bien mettre à m'accorder la faveur atten- » due. — Vous savez à merveille que cette entrevue » sera sans danger pour vous, tandis qu'un refus de » votre part entraînerait fatalement de fâcheuses » conséquences.

» Et d'abord, si dans la nuit de samedi vous n'a- » viez point paru, je dois vous prévenir que j'irais di- » manche vous rendre visite en votre hôtel des » Champs-Élysées...

» Me consigneriez-vous à la porte?

» Valentine me permettra d'en douter.

» A samedi donc, chère madame... — Je suis

» heureux d'avance d'un tête-à-tête que vous ne re-
» gretterez certainement pas, car je vous promets
» des révélations du plus vif intérêt, et la conclusion
» de l'entretien sera de nature à vous satisfaire...

» En attendant, madame la comtesse, croyez au
» respect profond et à l'obéissance absolue de votre
» humble et passionné serviteur,

» COMTE D'ANGÉLIS. »

Quand Hermann Vogel eut achevé, il relut avec lenteur les lignes qu'il venait de tracer rapidement, et sans doute il en fut satisfait car une sorte de pâle sourire éclaira son visage.

Il avait dit juste ce qu'il voulait dire, et la forme de l'épître lui semblait irréprochable.

Content de son œuvre il prit une enveloppe carrée, et de cette écriture longue et ferme, devenue la sienne ou du moins l'une des siennes, il traça l'adresse :

« MADAME LA COMTESSE DE ROCHEGUDE. »

En son hôtel

Avenue des Champs-Elysées, *n*° 70.

Puis, en travers, il écrivit le mot : PERSONNELLE, souligné trois fois.

Au moment précis où il terminait, et avant qu'il

ait eu le temps de plier la lettre et de la glisser dans son enveloppe, la sonnette de la porte d'entrée, secouée par une main impatiente, se mit à carillonner bruyamment.

Vogel fit un bon sur sa chaise.

Certes il croyait n'avoir rien à craindre de la police, mais les gens possédant un passé pittoresque et accidenté comme le sien ont en même temps, et presque sans exception, le système nerveux très-sensible...

Pour ces gens-là, toute chose inexpliquée est une chose inquiétante! — Que voulez-vous, la police a parfois des idées singulières, et ces messieurs de la Sûreté ne professent souvent qu'une assez mince estime pour les gentlemen exotiques d'une authenticité douteuse...

Tandis qu'Hermann songeait à ces choses, la sonnette carillonnait de plus belle avec un redoublement de violence, remplissant de son tapage le petit logis de l'entre-sol.

— Il faut savoir... — murmura l'ex-caissier ; puis, laissant sur la table l'épître et l'enveloppe, il quitta la chambre et se dirigea vers le vestibule.

A peine venait-il de sortir que la porte qui communiquait de la salle à manger au salon s'ouvrit, et laissa passer la tête de Charles Laurent.

Lui aussi avait entendu et voulait savoir...

Trouvant la pièce vide il en franchit le seuil, et s'approcha de la lettre ouverte qui semblait l'attirer.

Il prit sans façon cette lettre et la parcourut du regard en accompagnant sa lecture d'une grimace significative.

Ensuite il examina l'enveloppe.

— Bon à savoir!! — dit-il alors en se frottant les mains après avoir lu l'adresse, et, sans se préoccuper davantage des coups de sonnette, il regagna vivement la salle à manger dont il refermait la porte à l'instant où Vogel rentrait dans le salon, de fort mauvaise humeur.

Le carillonneur indiscret était tout simplement un commissionnaire un peu gris qui se trompait d'étage...

Hermann mit sa lettre sous enveloppe et sortit pour la jeter lui-même à la poste...

LXIX

Nous n'entreprendrons point de décrire le trouble et l'effroi de Valentine quand elle reconnut cette écriture longue et raide et ce large cachet rouge armorié qu'elle espérait ne jamais revoir.

— Quelle coup inattendu va me frapper encore? — se demanda la pauvre femme. — Cet homme avait juré qu'entre lui et moi tout était fini désormais!... Sa promesse était-elle trompeuse? — A tous les mensonges de sa vie va-t-il ajouter un nouveau mensonge? — Suis-je perdue, cette fois, sans espoir?...

Madame de Rochegude s'était laissée tomber sur un siége.

Plus d'une demi-heure s'écoula avant qu'elle pût recouvrer assez de sang-froid pour dévorer le billet fatal et pour en comprendre le sens.

Après avoir lu jusqu'à la dernière ligne elle éleva ses mains au-dessus de sa tête, puis les pressa contre sa poitrine avec un geste désespéré.

— Mon Dieu, — balbutia-t-elle ensuite, — j'avais crié vers vous, et vous ne m'avez point entendue !... je ne pouvais trouver de protecteur qu'en vous, et vous m'abandonnez ! — Je suis à bout de forces, Seigneur, et la souffrance a lassé mon courage !... L'heure de mourir est-elle venue ?... Je suis prête...

Valentine pendant quelques secondes demeura comme anéantie, puis elle répéta :

— Mourir ?... — Qu'ai-je dit ! — Une mère qui déserte son poste, quand ses enfants ont besoin d'elle, est une mère lâche et coupable !... — Non, je n'abandonnerai point mes fils !... Est-ce que je m'appartiens, pour disposer de moi ?... — Je n'ai pas le droit de mourir, je le comprends ; mais puis-je vivre ? — Mon effroyable situation offre-t-elle une issue ?... Que faire ? quel parti prendre ?... — Inspirez-moi, mon Dieu...

Le rayonnement d'une flamme intérieure éclaira soudain le visage de la comtesse qui crut sa prière exaucée.

Il lui sembla que l'inspiration sollicitée avec tant d'ardeur descendait du ciel.

Une voix mystérieuse murmurait à son oreille :

— Le protecteur que tu demandes à Dieu existe et tu le connais bien !... — Va trouver Lionel... — Le salut est auprès de lui... — Qu'il sache enfin ce qui se passe... — Apprends-lui la vérité tout entière... — C'est un aveu terrible sans doute... — Il te faudra, pour le faire, un courage surhumain, mais ensuite tu seras sauvée, car en présence d'un défenseur légitime et fort le lâche qui t'attaque reculera... — Le comte de Rochegude est le plus noble et le plus généreux des hommes... — Il n'a rien à te pardonner d'ailleurs, car il n'a rien à te reprocher... — La fatalité seule est coupable !...

Valentine s'abandonna d'abord à cette bienfaisante inspiration.

Elle entrevit le terme de l'existence de mystère et d'apparente duplicité qui la torturait, et elle résolut de partir le lendemain par le premier train pour rejoindre son mari et pour se mettre sous son égide...

Mais bientôt une irrésolution nouvelle s'empara de son âme et sa volonté faiblit.

Elle se demanda :

— Que fera Lionel ?... — Dans cette situation suprême quel parti prendra-t-il ?...

— Il prendra le seul parti digne d'un gentilhomme... — se répondit-elle. — Il provoquera ce misérable Hermann sous le nouveau nom qui lui sert de masque !... — Il se battra avec lui... et, comme Dieu est juste, il le tuera...

Jusque-là tout allait bien, et la comtesse s'affermissait de plus en plus dans sa résolution, lorsqu'une réflexion incidente, qui naturellement devait se présenter à son esprit, détermina le retour de cette hésitation dont nous avons parlé quelques lignes plus haut.

— Le sort des armes est toujours douteux... — balbutia la jeune femme en pâlissant. — Le temps n'est plus où le duel s'appelait *le jugement de Dieu*... — Qui me prouve que le succès sera pour le bon droit ? Qui m'affirme que Lionel sortira vainqueur du combat?...

Cette idée inquiétante grandit avec rapidité.

— Hermann Vogel, —continua Valentine,—ne reculera devant aucune déloyauté, devant aucune trahison... — Une fois déjà il s'est trouvé face à face avec Lionel et l'a laissé pour mort sur le terrain... — S'ils se battent de nouveau il achèvera son œuvre en tuant mon mari, et j'aurai provoqué par mes révélations cette rencontre maudite !...Je serai le véritable meurtrier de celui que j'aime et pour qui je donnerais ma vie !... Ah ! qu'il ignore tout, aussi longtemps que cette ignorance pourra se prolonger... — Ma destinée s'accomplira librement, et si quelque malheur vient frapper Lionel, j'en serai du moins innocente !...

C'en était fait.

L'idée qu'un aveu sorti de sa bouche attirerait sur la tête du comte de Rochegude un péril mortel et inévitable, s'emparait fatalement de l'intelligence de Valentine et la dominait.

Désormais, quoi qu'il pût advenir de son silence, l'infortunée ne parlerait plus...

Qui sait d'ailleurs si l'entrevue nouvelle imposée par le prétendu comte d'Angélis devait avoir les conséquences funestes qui l'épouvantaient ?

Peut-être voyait-elle les choses trop en noir et se forgeait-elle des chimères...

Elle décida qu'elle obéirait et qu'elle se rendrait le lendemain au bal de l'Opéra.

Le hasard sembla prendre à tâche d'aplanir les obstacles, presque insurmontables en semblable occurrence pour une femme du monde dont la liberté d'action est d'autant plus restreinte que sa situation est plus élevée.

Une grande dame amie de Valentine, la duchesse de San-Maximo, donnait la nuit suivante une fête costumée dans son hôtel du boulevard Haussmann, dont l'immense jardin d'hiver, devenant une annexe des salons d'apparat, lui permettait de recevoir le *tout Paris* aristocratique.

Depuis quinze jours, Claire de Cernay s'occupait de son déguisement, et le faisait exécuter sous ses yeux avec une joie quasi enfantine.

C'était un costume de Japonaise, composé des étoffes les plus authentiques et les plus exquises.

La comtesse, voulant faire plaisir à sa sœur, avait choisi pour elle-même un travestissement historique inspiré par son nom.

Elle devait être vêtue en *Valentine de Milan*.

Presque à la dernière heure elle parut changer d'avis, au grand mécontentement de Claire; elle déclara qu'elle renonçait à se déguiser ; qu'elle se contenterait, pour se conformer à la règle générale, de revêtir un domino noir sur une toilette de bal, et de cacher son visage sous un loup de velours.

Claire plaida vainement la cause du costume princier dont l'éclat lui tournait la tête.

Madame de Rochegude fut inflexible dans son refus; nos lecteurs n'ont aucune peine à deviner pourquoi.

Un peu avant minuit les deux sœurs firent leur entrée chez la duchesse de San-Maximo.

Naturellement Valentine, sous son domino noir très-simple, ne produisit aucun effet.

Elle y comptait absolument.

Claire, délicieusement fine et jolie en Japonaise, obtint au contraire un succès énorme.

Elle fut entourée, fêtée, admirée, complimentée et sollicitée.

Les marquis Louis XV, les pêcheurs napolitains, les incroyables du Directoire, les Espagnols de haute fantaisie, etc., etc., sollicitèrent l'honneur d'être inscrits sur son carnet de bal, et la jeune fille, avec une joyeuse insouciance, prit des engagements si nombreux qu'il lui devait être impossible d'en tenir la moitié.

Entraînée par ses danseurs elle oublia le reste du monde et ne s'occupa plus de *Valentine de Milan.*

Madame de Rochegude s'attendait à cet oubli qui servait ses projets.

A minuit et demi il lui fut possible et facile de se glisser inaperçue dans la foule toujours grossissante et de quitter les salons sans être remarquée.

Personne d'ailleurs n'aurait pu la reconnaître, car depuis son arrivée elle gardait le loup de velours qui cachait son visage.

Sur le boulevard Haussmann, à la suite des voitures de maîtres, stationnait une longue file de fiacres.

Valentine s'approcha de l'un de ces fiacres et dit

au cocher, en lui mettant un louis dans la main :

— Je vous prends à l'heure... Vous allez me conduire à l'Opéra et vous m'attendrez au coin de la rue de Provence et de la rue Chauchat...

— Suffit, ma petite dame... Voici mon numéro...

Madame de Rochegude monta dans la voiture. — Dix minutes plus tard elle mettait pied à terre sous la marquise de zinc de la rue Lepelletier, et franchissait le seuil de ce vestibule qu'elle avait traversé si souvent au bras de son mari, quand elle gagnait sa loge pour entendre la *Juive*, *les Huguenots*, *le Prophète* ou *Robert le Diable*...

Il nous semble superflu d'ajouter qu'elle venait pour la première fois de sa vie au bal de l'Opéra.

Aussi, dès qu'elle eut gravi l'escalier, elle fut saisie et comme asphyxiée par l'atmosphère surchauffée, par la lumière aveuglante, et surtout par le tumulte assourdissant formé des mille clameurs de la foule mêlées à la puissante voix de l'orchestre.

Le plus vif désir d'une honnête femme fourvoyée au milieu de cet inexprimable tohu-bohu, devait être de s'en échapper bien vite.

Valentine se dit que lorsqu'elle pourrait quitter la salle de l'Opéra il lui semblerait sortir de l'enfer, et résolut de ne pas retarder d'une minute son entretien avec Hermann Vogel.

La situation exacte de la loge portant le n° 19 et voisine de la sienne lui était connue.

Elle n'eut point de peine à s'orienter dans les couloirs, et frappa de sa main gantée, non sans un grand battement de cœur, trois coups contre la porte qui s'ouvrit presque aussitôt.

LXX

Depuis une demi-heure à peu près Hermann Vogel, en tenue de bal d'une correction parfaite, assis au premier rang de la loge et tenant de la main droite une jumelle de fort calibre qu'il braquait sur la salle, semblait prendre un plaisir extrême à voir la cohue des pompiers de Nanterre, des chicards, des Espagnols, des pierrettes, et des arlequins, se démener dans un pandémonium fantastique comme des gens atteints du *delirium tremens*.

Immédiatement au-dessous de lui un personnage dont il est impossible de deviner le sexe sous le capuchon rabattu et sous les plis de son domino noir, occupait un des fauteuils d'amphithéâtre adossés à la loge, et, dans un état de mutisme absolu et d'immobilité complète, semblait attendre quelque chose ou quelqu'un.

Au moment où Valentine frappait trois coups contre la porte, l'ex-caissier quitta vivement son siége, traversa la loge, souleva les rideaux qui la séparaient du petit salon, et s'empressa d'ouvrir à la jeune femme.

A peine avait-il tourné le dos que le personnage muet et masqué se leva, franchit le rebord de la loge avec une agilité singulière, fit le plongeon entre les fauteuils et disparut.

L'attention du public était ailleurs. — Personne ne remarqua ce manége qu'on n'eût point manqué de prendre pour la manœuvre ingénieuse d'un mari jaloux voulant savoir à quoi s'en tenir.

— Entrez, chère madame, — dit Vogel, — et soyez la bienvenue... — Je vous attendais avec impatience mais sans inquiétude, car j'étais certain d'avance que vous me feriez la joie et l'honneur de vous rendre à mon invitation...

Valentine franchit le seuil, et la porte se referma derrière elle.

Vogel avait laissé retomber les rideaux de velours. — L'épaisseur de leur tissu entretenait dans le petit salon une demi-obscurité, en même temps qu'ils assourdissaient les bruits de la bacchanale carnavalesque faisant rage au dehors, et qu'ils rendaient possible une conversation suivie.

Les yeux de Valentine, aveuglés ou plutôt éblouis par le brusque passage de la lumière éclatante du couloir au clair-obscur de l'intérieur, ne distinguèrent d'abord aucun objet, mais bientôt ils se familiarisèrent avec la pénombre et se fixèrent sur Hermann qui restait debout, dans une attitude à la fois respectueuse et familière.

Madame de Rochegude ne fut pas maîtresse de son émotion et se laissa tomber sur un des divans qui garnissaient le pourtour du petit salon.

— Pas de faiblesse, je vous prie, chère madame... — dit Vogel d'un ton presque impérieux. — Vous êtes venue de votre plein gré, sachant que vous alliez me trouver ici. — Aucun danger ne vous menace. — Rassurez-vous donc et causons, puisque nous ne sommes réunis que pour causer. — Mais peut-être la chaleur suffocante cause-t-elle votre malaise... — Voulez-vous que je demande quelque boisson glacée qui vous remettra sans doute?

La jeune femme avait déjà repris son empire sur elle-même.

— Je n'ai besoin de rien... — répondit-elle avec hauteur. — Je ne désire rien, si ce n'est d'en finir au plus vite et pour toujours avec vous...

— Mordieu, madame, — s'écria le faux Angélis en riant, — on ne vous accusera point de manquer de franchise ! — L'expression de vos sentiments à mon égard est d'une netteté merveilleuse ! !

— Eh ! monsieur, — répliqua Valentine, — il ne s'agit point de mes sentiments. — Ils sont ce qu'ils peuvent être, ce qu'ils doivent être... — C'est de toute autre chose qu'il faut que je vous parle... — Savez-vous pourquoi je suis venue ?

— Mais, je suppose, — répondit Hermann, — pour recevoir les communications importantes dont il était question dans ma lettre... — Aucun autre motif ne me semble probable...

— Je suis ici, — reprit Valentine, — pour vous déclarer ma volonté...

— Votre volonté ! — répéta Vogel d'un ton railleur. — Vous avez donc une volonté maintenant, chère madame ?? — Je ne m'en doutais pas, et je souhaite très-fort la connaître.

— Vous la connaîtrez à l'instant... — La voici : — Je me révolte contre des tortures imméritées ! — Je suis lasse d'une existence pire que la mort ! — Je veux en finir avec la situation odieuse qui fait de chacun de mes jours une longue agonie !... — Je suis prête enfin à demander à la tombe la paix que je ne puis trouver dans la vie !...

— En d'autres termes, — répliqua Vogel, — ne pouvant être veuve, vous me rendrez veuf... — ne pouvant ou ne voulant me tuer, vous vous tuerez... — Vous m'avez déjà dit cela, et je vous ai déjà répondu...

— Vous m'avez répondu qu'étant chrétienne je reculerais devant le suicide ; vous oubliez qu'aujourd'hui ma mort ne sera plus un crime, mais un sacrifice nécessaire au repos de tous ceux que j'aime...

— Ainsi votre résolution est prise?

— Irrévocablement...

— Je le regrette, tout en reconnaissant mon impuissance à vous empêcher de l'accomplir, et je vous avertis seulement qu'aussitôt après votre mort je ferai valoir mes droits et je réclamerai mon fils...

— Mon enfant entre vos mains ! — balbutia Valentine avec horreur. — Ah! jamais ! non, jamais! C'est impossible !...

— Et pourquoi cela ? — répondit Hermann en souriant. — Où donc un fils peut-il être mieux que dans les bras de son père ?

— Un père, vous? allons donc ! — s'écria Valentine indignée.

— La colère vous égare, chère madame, et vous me contraignez à des redites... — poursuivit l'excaissier. — Votre fils aîné m'appartient de par la nature et de par la loi ! — Mes droits sur lui sont sacrés et incontestables... — Le jour où je les ferai valoir, Armand devra me suivre...

— C'est faux ! — répliqua la comtesse. — Vous avez abdiqué ces droits en vous faisant passer pour mort afin de vous soustraire aux poursuites criminelles dont vous étiez l'objet !... En me laissant croire que j'étais veuve... — Mais avant de mourir je vous démasquerai !... — J'écrirai mon testament, je raconterai votre vie, vos trahisons, vos lâchetés, vos crimes, et, dans ma prière suprême, je demanderai à l'homme loyal et généreux dont je porte aujourd'hui le nom, de se placer entre vous et le malheureux enfant que vous voulez perdre... mais que vous ne perdrez pas, je le jure !...

Hermann haussa les épaules.

— Le comte de Rochegude ne peut se placer en aucune façon entre mon fils et moi... — reprit-il, — et je le lui ferais cruellement sentir, s'il avait le malheur de l'essayer...

Un silence suivit ces derniers mots.

Quand le pseudo-comte d'Angélis reprit la parole, il avait changé de ton.

Sa voix ironique, impérieuse et menaçante tout à l'heure, était devenue caressante et douce. — Sa figure aux traits mobiles offrait une métamorphose non moins complète. — Ses yeux ne lançaient plus d'éclairs. — Un sourire plein de bonhomie remplaçait sur ses lèvres le rictus dont elles avaient l'habitude.

— En vérité, chère madame, — murmura-t-il, — c'est ma mauvaise étoile qui s'en mêle!! — J'ai beau me sentir animé des intentions les plus conciliantes, je joue quand même et malgré tout, à votre égard, le rôle du méchant ogre des contes de fée!... — Je ne suis point votre ennemi cependant, je vous l'affirme...

— Vous n'êtes point mon ennemi!! — s'écria Valentine.

— Non, certes! et vous en aurez la preuve.

— Je refuse de vous croire.

— Pourquoi?

— Parce que vous m'avez menti sans cesse, et que le plus mortel ennemi ne se conduirait pas autrement que vous ne le faites!

— Injustice des jugements humains!! — reprit mélancoliquement Vogel. — Vous m'accusez au moment précis où je vous apporte le bonheur...

— Le bonheur à moi? Et venant de vous? — répliqua Valentine. — Ah! monsieur!!...

— Vous doutez?

— Je fais plus que douter... Je nie!!

— Et cependant, rien n'est plus vrai... — Le bonheur, pour vous, c'est la liberté... et je viens vous rendre libre...

La comtesse attacha sur son interlocuteur un regard chargé de défiance.

— Quel mensonge nouveau prépare cet homme? — murmura-t-elle d'une voix très-basse et comme se parlant à elle-même.

Hermann entendit néanmoins, ou plutôt devina.

— Vous avez de moi, chère madame, une opinion déplorable, — dit-il, — et je ne saurais vous en blâmer, car j'ai sur la conscience bien des torts, mais peut-être serez-vous disposée à mieux accueillir l'assurance du bon vouloir qui m'anime, quand vous saurez que mon intérêt personnel se trouve en jeu comme le vôtre dans la transaction qu'il me reste à vous proposer...

— Il s'agit d'un marché? — s'écria Valentine.

Hermann s'inclina.

— Un marché! — répondit-il, — le mot est dur... Mais, comme il a le mérite d'être exact, je l'accepte faute de mieux...

— Parlez donc! — reprit vivement la jeune femme. — Et, si ce marché est déshonorant pour celui qui le propose et pour celle qui l'accepterait, je croirai sans doute à votre franchise...

— A quoi bon ces vaines injures? — fit Vogel. — Je vous préviens qu'elles glissent sur moi sans me blesser... — Je les dédaigne et je vais droit au but... — Je viens vous proposer un échange...

— Un échange entre nous?

— Oui...

— Je ne vous comprends pas...

— Je me ferai comprendre... — Mon absence peut vous rendre libre aussi bien que ma mort, et je consens à m'expatrier pour toujours... Mais la vie coûte cher et j'ai des goûts de luxe... Or vous êtes riche... Je ne le suis pas... Et je veux le devenir...

LXXI

— Oui, — répéta Vogel, — vous êtes riche, et je veux le devenir.

— De l'argent ! — s'écria Valentine avec un écrasant mépris. — C'est de l'argent qu'il vous faut !...

— Que voulez-vous ?... Quand on en manque !... — répliqua philosophiquement le misérable. — Ah ! cela vous étonne parce que j'ai l'apparence du luxe et de la fortune. — Par malheur je n'en ai que l'*apparence*... — Ma fortune n'a rien de sérieux. — Mon luxe ne supporterait pas l'examen... — Mon titre et ma bonne mine éblouissent mes fournisseurs, mais c'est à peine s'ils savent la couleur de mon argent comptant. — D'un jour à l'autre la situation peut devenir pour moi difficile... impossible même... —

Je suis arrivé à Paris avec quelques rouleaux d'or amassés à grand'peine... — J'ai voulu sottement décupler ces humbles capitaux par la toute-puissante vertu du roi de cœur et de la dame de pique... — J'ai joué... j'ai perdu... je suis à sec... Vous voyez un décavé... position anormale, ridicule et triste pour moi, humiliante pour vous-même, et que vous devez avoir à cœur de faire cesser au plus vite...

— Que vous faut-il? — interrompit brusquement Valentine.

Hermann répondit en souriant :

— Une bagatelle... — Quinze cent mille francs...

— Quinze cent mille francs ! — s'écria madame de Rochegude.

— Mon Dieu, oui... pas davantage.

— Mais vous êtes insensé !

— Permettez-moi de n'en rien croire... — reprit Vogel. — Et notez bien je vous prie, chère madame, que je ne demande point une aumône... — Je réclame mon dû...

— Votre dû... — répéta la comtesse avec stupeur.

— Positivement, et je m'étonne de votre apparente surprise... — La chose est toute simple, ainsi que je vais avoir le plaisir de vous le démontrer en fort peu de mots... — Vous avez hérité, conjointement avec votre sœur, de mon ami Maurice Villars, qui laissait six millions. — Cela constituait bien, n'est-ce pas, trois millions pour chacune de vous ?... -- Or, nous sommes mariés sans contrat, donc sous le régime de la communauté, donc la moitié de vos trois millions m'appartient, soit quinze cent mille francs... — Un enfant comprendrait cela... — Vous vous dites peut-être que vous avez payé pour moi cent mille écus jadis entre les mains de mon ex-patron Jacques Lefebvre, et que ma créance sur vous se trouve réduite, par cela même, à douze cent mille livres... — Ce raisonnement semble logique, mais pèche par la base... — Vous devez me tenir compte des intérêts touchés depuis dix ans... — Ces intérêts représentent beaucoup plus de cent mille écus... par conséquent, en ne réclamant de vous que quinze cent mille francs, je fais preuve de modération... — Exécutez-vous de bonne grâce, je vous le conseille; — payez la bagatelle dont il s'agit, et, en échange de cette bagatelle, je vous rends votre liberté, je m'engage par les serments les plus solennels à ne reparaître de ma vie, non-seulement à Paris mais en France, et, dussé-je exister cent ans encore, à ne jamais vous donner de mes nouvelles...— Cette transaction, vous le voyez, est à votre avantage...

— Mais,—balbutia Valentine,— la somme énorme que vous revendiquez ne m'appartient qu'à titre de dépôt... — Elle est tout entière à mes enfants...

Hermann fit un geste d'impatience.

— Vos enfants n'ont pas besoin de cette goutte d'eau pour être millionnaires! — répliqua-t-il. — La fortune du comte est énorme... — D'ailleurs il ne s'agit pas de discuter, mais de consentir... — Consentez-vous?

— Je refuse...

— C'est votre dernier mot!...

— C'est mon dernier mot.

— Très-bien... — Le cas était prévu... — Je vous offrais les moyens de sortir d'une situation ambiguë qui doit vous être singulièrement à charge... — Vous les repoussez. — Tant pis pour vous! — Ne vous en prenez désormais qu'à vous seule des conséquences de votre refus... — Je vais traiter directement avec M. de Rochegude la petite affaire que, malgré tout mon bon vouloir, je n'aurai pu traiter avec vous...

Valentine devint livide.

— Vous parlez de M. de Rochegude... — balbutia-t-elle. — Ai-je bien entendu?...

Hermann fit un signe affirmatif.

— Auriez-vous véritablement l'audace de vous adresser à lui? — continua la malheureuse femme.

— Eh! je suis l'homme de toutes les audaces... —

Vous devriez le savoir depuis longtemps, chère madame... — Le comte de Rochegude aura ma visite... — Il l'aura dès demain ou plutôt dès aujourd'hui... — Je partirai pour Provins par l'express de sept heures cinq minutes, et j'irai droit chez ce cher colonel...

— Et que lui direz-vous, grand Dieu?...

L'ex-caissier hésita pendant la dixième partie d'une minute, puis il prit brusquement son parti, et, jugeant sans doute inutile de se contraindre plus longtemps, il répliqua avec une complète désinvolture :

— Je lui dirai tout simplement ceci : — « Monsieur le comte, vous devez me reconnaître, car j'ai eu l'honneur de me battre avec vous, il y a dix ans, et de vous accommoder fort mal. — Je suis Hermann Vogel, votre très-empressé serviteur, parfaitement vivant et bien portant, comme vous voyez, quoiqu'on ait fait courir le bruit de ma mort... — Votre femme est ma femme... l'aîné de ses fils est mon fils... — Je revendique mon bien et je vous somme de me le rendre, à moins que vous ne teniez particulièrement à le conserver... — Dans ce cas je pourrai m'entendre avec vous et me désister en votre faveur de tous mes droits, moyennant une transaction honorable et convenable, dont nous allons causer si vous le voulez bien... »

— Ah! — s'écria Valentine que l'indignation et le

mépris envahissaient au point de lui faire oublier l'imminence du péril, — ah! je vous savais bien lâche et bien misérable, et cependant vous êtes encore plus lâche et plus misérable, que je ne le croyais...

Hermann ne sourcilla point...

— Des injures, — fit-il — ne sont pas des raisons. — Il m'est pénible de vous irriter, mais, je vous le répète, je veux quitter Paris... — J'ai besoin de mes capitaux... — Vous me les refusez... — Je m'adresse ailleurs... — C'est tout simple... — Nous n'avons plus rien à nous dire, chère madame, et je vais avoir l'honneur de vous offrir mon bras pour traverser la foule et rejoindre votre voiture. — Vous plaît-il de me suivre?...

Madame de Rochegude resta immobile...

Elle venait, à force d'énergie, de reconquérir un peu de sang-froid.

— Mais, — dit-elle d'une voix brisée, — cet argent n'est pas dans mes mains...

— Partie gagnée, — pensa Vogel, puis, tout haut, il reprit : — J'en suis bien convaincu... — On a peu l'habitude de serrer des millions dans son armoire à glace... — Vos fonds se trouvent à la Banque ou chez quelque notaire... — J'ignore absolument les clauses de votre contrat de mariage, mais je crois le comte de Rochegude trop gentilhomme pour ne vous avoir pas laissé la disposition absolue et sans contrôle de votre fortune personnelle... — Est-ce que je me trompe?

— Vous ne vous trompez pas... — Celui dont vous osez prononcer le nom a toutes les noblesses...

— Si j'étais né millionnaire j'aurais été parfait! — répliqua Vogel — Mais un poëte a dit :

L'argent! l'argent! morbleu! sans lui tout est stérile,
La vertu sans argent n'est qu'un meuble inutile!!

« Voilà pourquoi je me permets de renouer l'entretien interrompu tout à l'heure par un malentendu. — Sommes-nous d'accord, présentement, chère madame?

— Oui... — fit Valentine d'une voix faible comme un souffle. — Vous me vendez le repos quinze cent mille francs... — Je l'achète à ce prix...

— C'est au mieux... — J'étais certain d'avance que nous finirions par nous entendre... — Mais il ne suffit pas de consentir, il faut s'exécuter... — Occupons-nous des voies et moyens... — Comment allez-vous faire pour réaliser à bref délai un million et demi?

— Je ne sais pas...

— Je vais donc vous l'apprendre...

Et Vogel, d'une façon nette et rapide, renseigna madame de Rochegude sur les instructions à donner soit à son agent de change, s'il s'agissait de vendre de la rente ou des valeurs, soit à son notaire, s'il fallait déplacer des capitaux.

— Vos démarches auront abouti certainement au bout de trois ou quatre jours .. — dit-il en achevant. — Mettons-en cinq ou six pour avoir de la marge... — Samedi prochain vous pourrez me remettre un mandat au porteur et à vue sur la banque de France, car c'est ainsi que je désire être payé... — A quelle heure vous convient-il que je me présente samedi à l'hôtel de Rochegude?...

— A l'hôtel de Rochegude!! — répéta Valentine avec un geste d'épouvante. — Dans la maison de mon mari!! — Vous n'en franchirez plus le seuil...

— Préférez-vous venir chez-moi?...

— Chez vous!! jamais!

— Où donc, alors?

— Trouvez un terrain neutre, où, sans me compromettre, je puisse vous aborder.

— Il me vient une idée... Faites-vous conduire samedi prochain, à deux heures de l'après-midi, au bois de Boulogne... — Mettez pied à terre auprès de la Cascade et engagez-vous seule, comme par curiosité, dans le petit sentier pittoresque et rocailleux qui passe sous la chute d'eau... — Vous me trouverez là... — Ce sera l'affaire d'une minute et vous rejoindrez votre voiture... — Est-ce convenu ?

Madame de Rochegude fit un signe affirmatif, puis attachant son masque sans ajouter un mot, et refusant d'accepter le bras d'Hermann, elle ouvrit la porte de la loge et se perdit dans la cohue...

LXXII

Hermann Vogel eut d'abord l'idée de suivre Valentine, mais elle avait disparu déjà dans la cohue des habits noirs, des dominos de toutes les couleurs, des costumes de toutes les époques.

Il était difficile, presque impossible de la rejoindre, et l'ex-caissier dut renoncer à son projet.

— Mon affaire est faite... — pensa-t-il, — et, puisque je suis au bal de l'Opéra, rien ne m'empêche d'y rester une heure ou deux, pour mon plaisir...

Renfermant alors la porte ouverte sur le couloir, il traversa le petit salon et souleva les rideaux de velours afin de rentrer dans la loge...

Il est aisé de comprendre sa surprise quand il vit un personnage noir, masqué et encapuchonné, assis sur le fauteuil que lui-même occupait un quart d'heure auparavant.

— Qui êtes-vous? — demanda-t-il avec un commencement de colère.

— Qui je suis? — répéta l'inconnu d'une voix contrefaite. — Il me semble que cela saute aux yeux... — Je suis un domino...

— Comment êtes-vous entré dans cette loge?

— Pas par la porte, assurément... — Sans effraction, mais avec escalade...

— Je vous trouve bien hardi!!

— Je me pique en effet de hardiesse...

— Vous la poussez jusqu'à l'impudence! — Cette loge est à moi et je vous somme d'en sortir...

— Je me trouve à merveille ici, et j'y reste...

— Prenez garde! — Je vais appeler un agent de service qui vous mettra dehors et pourra bien vous conduire au poste...

L'inconnu haussa les épaules.

— Vous n'appellerez aucun agent, mon cher comte, — répliqua-t-il, — je vous en défie!

— Vous me connaissez? — s'écria Vogel stupéfait.

— Parbleu!

— Encore une fois, qui êtes-vous?

Le personnage noir souleva son capuchon, détacha son masque, et montra le visage moqueur de Charles Laurent.

— Vous? — murmura le faux Angélis en cachant son inquiétude.

— En personne véritable et naturelle... — Il y a dix ans et plus que je n'ai vu le bal de l'Opéra... L'idée m'est venue, cette nuit, de me donner un peu de bon temps...

— Pourquoi ne pas m'avoir prévenu?...

— Vous auriez négligé peut-être de m'offrir une place dans votre loge... — J'ai trouvé plus simple de prendre cette place sans rien dire, ce qui vous évitait un mauvais procédé à mon endroit.

— Depuis quand êtes-vous là?

— Depuis l'arrivée de certaine dame dont je ne veux pas prononcer tout haut le nom, de crainte des oreilles indiscrètes...

— Vous avez entendu?...

— Oui, certes!! De A jusqu'à Z!... Perdre un seul mot d'un entretien si palpitant eût été maladroit! — Mes compliments, cher comte!... Je vous savais très-fort, mais vous avez dépassé mon attente!... — Je prenais un plaisir d'artiste à vous écouter... — Ah! vous êtes un maître! — Aussi quel résultat superbe! — Adieu l'existence d'aventures! — Nous voilà riches !!... Rien ne nous empêchera d'être honnêtes, si le cœur nous en dit...

Hermann Vogel ne sourcilla point et parut accepter la conclusion de son interlocuteur comme toute naturelle.

— J'ai réussi pleinement en effet, — répliqua-t-il, — et je ne regrette qu'une chose...

— Laquelle ?

— C'est que votre présence inattendue m'ait privé de la joie de vous apprendre moi-même cet heureux résultat...

— Bien vrai ? Vous comptiez me mettre au courant ce qui se passe?...

— Dès ma rentrée au logis...—En doutez-vous?...

— Un peu, je l'avoue... — Je vous connais, mon cher, et vous sais égoïste... — Vous m'aviez d'ailleurs, jusqu'à cette nuit, caché soigneusement vos démarches...

— Je craignais de vous donner un faux espoir, et ne voulais vous parler de rien avant le succès définitif.

— Ainsi, nous partagerons?...

— Je vous l'ai dit l'autre jour, nous partagerons en frères... — Votre part et la mienne seront égales... Sept cent cinquante mille francs pour chacun de nous.

— Trente-sept mille cinq cents livres de rente!... murmura l'ex-Lorbac. — On peut vivre avec ça tout à fait à son aise... — Je m'en contenterai. — J'ai des goûts simples. — Je renonce à certains projets grandioses mais périlleux, et je vais, aujourd'hui même, anéantir un outillage compromettant...

— Et moi, — reprit Hermann Vogel, — vous sachant de nature défiante, je veux ne laisser aucun prétexte à de nouveaux soupçons qui froisseraient ma loyauté... A partir de cette minute jusqu'à l'heure où, samedi prochain, vous aurez touché votre part, nous ne nous quitterons plus, ni le jour, ni la nuit... — Nous sortirons ensemble... nous rentrerons ensemble... nous prendrons nos repas de compagnie... — Je veux absolument qu'il en soit ainsi, mon très-cher, et toute objection de votre part serait inutile...

— Mais je n'en fais aucune... — répliqua Charles Laurent. — Il s'agit de vous obéir, mon excellent bon, et rien ne me paraîtra gênant...

Tandis que s'échangeaient ces paroles amicales, e faux Angélis pensait :

— Ah ! tu crois, pauvre dupe, que j'irai comme un sot me dépouiller pour toi de la moitié d'une fortune si laborieusement conquise ! ! — En vérité, cela fait pitié !... — C'est ta mauvaise étoile qui t'a mis en tête de m'espionner cette nuit ! ! — Tu ne seras plus là, dans huit jours, pour réclamer l'argent qui n'appartient qu'à moi ! !...

De son côté le ci-devant Lorbac se disait :

— Ce maître fourbe veut m'amadouer en prenant l'air bonhomme, et je lui rends la monnaie de sa pièce en semblant convaincu...— Hermann Vogel est incapable d'abandonner une somme énorme, sans tenter au moins de la défendre... — Il va me tendre quelque piége, mais je me défie... Je veillerai...

Le programme formulé par l'ex-caissier se réalisa de point en point.

Pendant la semaine qui suivit le bal de l'Opéra les deux hommes furent inséparables, et, quoique ne se quittant jamais, vécurent en bonne intelligence.

— Nous allons être riches, — disait joyeusement Hermann, — donc, au diable l'économie ! !

Et ils dépensèrent sans compter, chacun payant à tour de rôle dans les cabarets à la mode des additions qui se soldaient en billets de banque.

Ils gaspillaient comme à plaisir, ne mangeant que des primeurs, ne buvant que de très-grands vins et les buvant sans modération ; — la tarentule de la prodigalité les piquait ; — ils semblaient désireux de jeter l'argent par les fenêtres, beaucoup plus encore que de bien vivre.

Nulle circonstance d'ailleurs ne venait confirmer

les soupçons de Charles Laurent qui, voyant les jours s'écouler et ne constatant rien de suspect, commençait à sentir diminuer sa défiance.

Il convient d'ajouter que Vogel prenait soin d'entretenir son compagnon dans une demi-ivresse continuelle. — Les fumées du vin et des alcools absorbés le matin, se mêlaient fraternellement aux fumées des boissons du soir.

Enfin arriva le vendredi.

Hermann avait décidé d'en finir ce jour-là avec son complice importun.

— Nous dînerons aux Champs-Elysées, chez Ledoyen, — lui dit-il. — Aujourd'hui c'est moi qui paye, et je rêve un menu à rendre Brillat-Savarin rêveur...

— Bravo! — s'écria Charles Laurent.

Le plan de Vogel était simple. — Il s'agissait d'une nouvelle édition de la catastrophe de Maurice Villars.

Nos lecteurs se souviennent du souper au café Anglais, où le prétendu baron de Précy avait *aidé* l'oncle de Valentine à mourir en lui faisant boire, au lieu d'eau claire, un grand verre de kirsch.

Hermann comptait user à l'endroit de son compagnon d'un procédé pareil, avec cette différence que, l'ex-Lorbac étant un homme jeune encore et relativement fort, il faudrait lui verser un poison capable de déterminer, à la suite d'un repas copieux, une congestion foudroyante.

Vogel choisit l'acide prussique.

Le choix était bon, mais l'empoisonneur, jugeant qu'il aurait d'autant plus facilement raison de son convive que ce convive serait plus ivre, commit la maladresse de le pousser à l'intempérance dès le commencement du dîner, avec une obstination qui réveilla de façon soudaine les soupçons endormis de Charles Laurent.

Son ivresse naissante s'évanouit comme un brouillard; il se tint sur ses gardes, en ayant soin toutefois de simuler les progrès d'un alcoolisme rapide.

Au milieu du repas, il bégayait déjà, tutoyait Hermann, chancelait à chaque mouvement et inondait le plastron de sa chemise du contenu de tous ses verres.

Le dessert arriva, puis le café, les liqueurs et les cigares.

Charles Laurent fit alors, pour se lever, diverses tentatives que le succès ne couronnait point.

Enfin il réussit à se mettre sur ses jambes, mais à peine debout il sembla perdre l'équilibre, s'abattit sur le divan et se mit à ronfler.

Toute cette comédie fut jouée avec un talent si merveilleux qu'Hermann n'eut pas l'ombre d'un doute, et sourit d'une façon étrange en contemplant son convive endormi d'un profond sommeil...

Le faux ivrogne n'avait garde de dormir...

Un imperceptible entre-bâillement de ses paupières lui permettait de suivre du regard tout ce qui se passait dans le cabinet...

Il vit Hermann remplir de fine champagne deux verres mousseline, tirer de sa poche un tout petit flacon enveloppé de papier bleu, déboucher ce flacon en détournant la tête, et laisser tomber dix ou douze gouttes de son contenu dans un des deux verres.

— La farce est finie... — pensa Charles Laurent... — La tragédie commence... —Attention!!

Et il ronfla plus fort que jamais.

LXXIII

Hermann prit celui des deux verres au contenu duquel il avait mêlé quelques gouttes du flacon bleu.

Ensuite il s'approcha du divan et frappa sur l'épaule de Charles Laurent.

Ce dernier fit entendre le grognement sourd de l'ivrogne interrompu dans son lourd sommeil, ouvrit les yeux et balbutia :

— C'est toi... Qu'est-ce que tu veux? je la trouve mauvaise... — Tu es mon ami, n'est-ce pas ? — Si tu es mon ami, laisse-moi dormir...

— Tu dormiras dans ton lit ! — répliqua Vogel. — Je n'ai point l'intention de passer la nuit ici, ni toi non plus, je pense... Donc, un dernier verre de ce vieux cognac, et allons nous coucher...

— Le vieux cognac... — répéta Charles Laurent. — Ça me va... ça me va toujours... — C'est mon ami, le vieux cognac... — Je veux bien m'en aller quand j'aurai bu... je veux bien me coucher... Seulement, pour me coucher, il faut d'abord que je me lève... et c'est drôle... je ne peux pas me lever tout seul...

Hermann lui tendit la main. — L'ex-Lorbac s'y cramponna, se dressa tant bien que mal et fit deux pas en titubant.

— Très-drôle... — poursuivit-il avec un rire bestial. — Excessivement drôle ! ! Le parquet est en caoutchouc... Je suis plus léger qu'un ballon rouge... Il me semble que je vais monter au plafond...

— Allons, bois ! — dit Vogel en lui présentant le verre.

— Je veux bien boire... Mais nous trinquerons...

— C'est entendu... — A ta santé...

Charles Laurent saisit d'une main tremblante le frêle récipient ; — il le heurta contre le verre du faux Angélis et, tout en le portant à ses lèvres, sembla pivoter malgré lui de manière à tourner presque le dos à son compagnon, puis il renversa la tête en arrière, leva le coude très-haut, et l'on entendit ce *glou-glou* que produit dans le gosier un breuvage absorbé d'un seul trait.

Hermann attendait, haletant.

Son attente fut courte.

Charles Laurent poussa un gémissement rauque, agita les bras comme un homme frappé à mort, tomba sur le ventre, le visage enfoui dans les oreillers du divan, et ne remua plus.

— L'affaire est faite ! — pensa Vogel avec un sourire de triomphe, en ramassant le verre tombé sur le tapis et en l'essuyant soigneusement, puis il se pencha; retourna le corps qui dans cinq minutes, croyait-il, serait un cadavre; lui glissa les oreillers sous les épaules; abaissa les paupières sur les yeux étrangement fixes; endossa son pardessus; mit son chapeau; alluma un cigare; sortit du cabinet; appela le maître d'hôtel; solda l'addition; ajouta deux louis de pourboire et dit :

— Mon ami est effroyablement ivre... Il dort les poings fermés... — laissez-le ronfler en paix... — Il s'éveillera dans deux heures, selon son invariable habitude, et vous irez lui chercher un fiacre.

— Monsieur peut être tranquille... — Personne n'entrera dans le cabinet avant que l'ami de monsieur ne soit réveillé...— Monsieur veut-il une voiture?

— Inutile... — J'ai besoin de marcher.

Le maître d'hôtel salua très-bas le client inconnu qui venait de se montrer si généreux, et Vogel s'éloigna par les Champs-Elysées, avec la joyeuse conviction que désormais il ne rencontrerait plus sur sa route de pierre d'achoppement.

Il était environ neuf heures du soir.

Dix minutes plus tard, la sonnette du cabinet retentit.

Le maître d'hôtel accourut, et grande fut sa surprise en voyant le gentleman dont il avait promis de respecter le sommeil, debout, tout aussi calme qu'au moment de son arrivée, le chapeau sur la tête et boutonnant ses gants.

— Sapristi, — pensa-t-il, — le gaillard est solide! — puis, tout haut, il demanda : — Monsieur désire quelque chose?

— Je désire savoir si l'addition est payée?

— Oui, monsieur, et l'ami de monsieur est parti...

— Très-bien... — Un indicateur des chemins de fer, je vous prie... et une voiture...

— Il y en a une à la porte, aux ordres de monsieur, et je vais apporter l'indicateur...

Charles Laurent feuilleta le moderne guide des voyageurs, trouva ce qu'il cherchait, fit une grimace de satisfaction et monta dans un coupé de régie en disant au cocher :

— Gare de l'Est... Dix francs la course. — Brûlez le pavé !...

*
* *

Le lendemain, il faisait très-froid.

Le thermomètre de l'ingénieur Chevalier était descendu pendant la nuit jusqu'à huit degrés au-dessous de zéro, ce qui constitue pour Paris une température quasi sibérienne.

Pas un rayon de soleil ne filtrait à travers la coupole nuageuse, épaisse et couleur d'étain, annonçant la chute prochaine d'une neige abondante.

Les Parisiens, les Parisiennes surtout, restent volontiers au logis par ces temps tristes et glacés.

Les voitures étaient rares au Bois de Boulogne.

Cependant à deux heures moins quelques minutes un coupé de maître, attelé d'un seul cheval, descendit au grand trot l'allée qui conduit du Lac à la plaine de Longchamps et au pont de Suresnes.

Le cocher avait des ordres sans doute, car, au niveau du bassin arrondi dans lequel tombent les eaux de la cascade, il fit halte.

La portière s'ouvrit aussitôt et Valentine quitta la voiture.

La jeune femme était vêtue de noir. — Une pelisse garnie et doublée de fourrures l'enveloppait tout entière. — Sa voilette de dentelle épaisse cachait la pâleur de son visage.

Elle promena ses regards autour d'elle. — La solitude était absolue. — Une bande de corbeaux, égayés par le froid, croassaient sur les branches nues des grands arbres du voisinage.

Madame de Rochegude, retournant un peu en arrière, prit à gauche l'étroit sentier qui se glisse sous l'amoncellement des blocs granitiques, se bifurque et, par des courbes habilement ménagées et des marches taillées dans la pierre, conduit les amateurs de pittoresque au sommet de l'Alpe en miniature que tout Paris connaît. — A mesure qu'on descend ce sentier devient plus obscur, ne recevant une lumière verdâtre, une clarté d'aquarium, qu'à travers l'épaisse nappe liquide qui tombe sans cesse à grand fracas et voile l'ouverture de la grotte.

La cascade, ce jour-là, n'était pas bruyante. — La gelée comprimait son essor habituel. — De nombreuses stalactites de glace remplaçaient presque la chute d'eau et formaient un décor bizarre dont l'effet au théâtre serait considérable.

La comtesse, quoique dévorée par la fièvre, marchait résolûment.

Elle fit une vingtaine de pas sans rencontrer celui qu'elle cherchait, puis tout à coup, au premier tournant, Hermann apparut venant à sa rencontre, le sourire aux lèvres et le chapeau à la main.

— Exacte comme un chronomètre, chère madame ! — s'écria-t-il. — Je ne vous ai pas attendue plus de cinq minutes !... — Mes compliments. — Soyez la très-bien venue. — Inutile de vous demander si vous apportez le mandat...

Madame de Rochegude tira de son manchon un petit portefeuille d'écaille.

Elle y prit un carré de papier ayant pour en-tête ces mots magiques : BANQUE DE FRANCE, et qui, par la puissance des signatures dont il était revêtu, valait un million et demi.

— Je subis le marché infâme que vous m'imposez ! — dit-elle. — Voici ma rançon !...

Et elle tendit le mandat à Vogel, ivre de joie.

Le misérable fit un mouvement pour s'en emparer.

Il n'en eut pas le temps.

Une main rude lui saisit le bras par derrière, tandis qu'une voix tremblante d'indignation disait à son oreille :

— Ceci est une affaire honteuse que je me charge de régler avec ce gredin... — Gardez votre argent, Valentine... — Avec ces quinze cent mille francs vous fonderez un asile pour les orphelines pauvres...

Hermann, effaré, se retourna brusquement.

M. de Rochegude était là, le dominant de sa haute taille.

— Lionel !... — balbutia Valentine, en reconnaissant son mari et en tendant les bras vers lui.

Mais elle ne put supporter le coup de foudre d'une telle émotion.

Elle chancela et elle allait tomber à la renverse si le comte, lâchant le poignet du faux Angélis, ne s'était élancé vers elle.

Il la reçut dans ses bras, et il l'étendit sur un bloc de rocher où elle perdit connaissance.

Sans s'effrayer de cet évanouissement, tout naturel en cette situation imprévue et terrible, M. de Rochegude revint à Vogel.

— Maintenant, — lui dit-il, — à nous deux !

— Pardon, monsieur le comte, — répliqua l'ex-caissier, reprenant avec son sang-froid son cynisme habituel, — nous n'avons rien à démêler ensemble... absolument rien...

— Croyez-vous ?...

— J'en suis sûr.

— Eh bien, vous vous trompez, bandit ! — Nous avons à régler un double compte : Votre infâme chantage d'à présent... votre assassinat d'il y a dix ans...

— De quel assassinat parlez-vous, s'il vous plaît ? — demanda très-impudemment Vogel.

— De celui dont j'ai failli être la victime...

— Est-ce ma faute si les chances ont tourné contre vous dans ce duel ?

— Ce n'était pas un duel, vous le savez bien!... C'était un assassinat...

— Je nie...

— Et moi j'affirme... — Je me battais loyalement, et vous faisiez sauter la coupe au combat comme au jeu!... — Égorgeur doublé d'un grec, vous m'escroquiez ma vie en vous servant d'armes biseautées! Mais Dieu est juste et je veux ma revanche, à cette heure où vous n'avez plus les pistolets de Charles Laurent!!...

Hermann tressaillit malgré lui, en se demandant :

— Comment diable sait-il cela ?

Lionel, en disant ce qui précède, tirait des poches de son pardessus deux pistolets de tir; — il les saisit par les canons et présenta leurs crosses à Vogel.

— Choisissez! — reprit-il. — Nous allons nous battre tout de suite, ici même, à vingt pas... — Vivant, il faudrait vous livrer à la police... — J'aime mieux vous tuer...

Au lieu de s'emparer d'une des armes, l'ex-caissier fit deux pas en arrière.

— Me tuer! — répéta-il avec un éclat de rire singulier. — Peste! monsieur le comte, vous arrangez la chose à votre fantaisie; mais, je vous en préviens, point du tout à ma guise!! — Ma situation est nette! — Je me moque du passé et la prescription couvre tout! — J'invoquerais votre témoignage au besoin pour prouver à qui de droit que je suis bien Hermann Vogel!!... — Jadis vous m'avez pris ma femme, vous tentez de me prendre aujourd'hui quinze cent mille francs qui sont mon bien légitime, et vous me dites des gros mots par-dessus le marché!! — Cela me semble raide!! — Me battre avec vous!! Quelle sottise!! — N'y comptez point!! — J'ai beaucoup mieux à faire! — Ah! je vous promets un scandale dont le monde entier parlera!... — Vous essayerez alors d'acheter mon silence, mais il sera trop tard! — Je ne vous dis pas : *Adieu*, monsieur le comte! je vous dis : AU REVOIR!!

Et Vogel, tournant sur ses talons, bondit pour s'échapper par l'une des issues du sentier souterrain.

Il allait atteindre le premier tournant et disparaître.

Un homme, se dressant à l'improviste devant lui, lui barra le passage, le saisit au collet et lui cria d'une voix moqueuse :

— On ne passe pas, mon compère!!

Hermann, devenu livide, balbutia :

— Charles Laurent!!

—En personne!—répliqua l'ex-Lorbac,—et tu dois voir, ou plutôt sentir, à la vigueur de mon poignet, que je ne suis point un fantôme... — Triple sot! — Tu me croyais ivre et tu m'empoisonnais en douceur sans t'apercevoir que je te guignais du coin de l'œil et que je *débinais ton truc*, comme on dit dans le meilleur monde !! — Je n'ais pas bu ta fine champagne agrémentée de mort-aux-rats, et quand tu as bêtement filé, convaincu que j'étais défunt, j'ai pris sans me presser ma canne et mon chapeau, et je suis parti pour Provins par le train de dix heures cinquante... Ça t'apprendra, mon excellent bon, à intoxiquer tes amis d'abord, pour les filouter ensuite... — Que dis-tu de la leçon?...

Vogel, anéanti, écoutait comme dans un rêve ces paroles vengeresses.

Tout s'effondrait sous lui... — Il se sentait perdu...

— Monsieur le comte, — poursuivit Charles Laurent en s'adressant à Lionel, - vous faisiez mille fois trop d'honneur à ce misérable en risquant votre vie contre la sienne!... Donnez-moi les pistolets... — Je vais lui payer argent comptant ma dette d'hier au soir, et, s'il refuse de se battre, aussi vrai qu'il est là tremblant de couardise et suant de peur, je lui brûlerai la cervelle...

— Ah! je veux bien me battre! — cria l'ex-caissier, entrevoyant une chance de salut et reprenant un peu d'énergie.

Lionel tendit avec un geste de dégoût les armes au pseudo-Lorbac.

— Merci, monsieur le comte...— reprit ce dernier. — Vous nous servirez de témoin... — Toi, canaille, prends ce joujou, et point de farces surtout, sinon je t'abats comme un chien... — Reste où tu es, je vais reculer de vingt pas et je compterai jusqu'à trois.. — Lorsque je dirai TROIS, nous tirerons ensemble...

Au bout d'une seconde les adversaires se trouvaient en face l'un de l'autre, aux deux extrémités de la voûte rocheuse ouverte sur le bassin glacé.

Le comte, prenant dans ses bras Valentine toujours évanouie, s'effaça derrière un bloc de granit.

— UN! — dit Charles Laurent.

— Si je le tue, — pensa Vogel, — la fuite deviendra possible...

Et, sans même attendre que son ex-complice eût prononcé le chiffre DEUX, il mit en joue et pressa la détente.

Charles Laurent chancela.

— Assassin! — balbutia-t-il d'une voix sifflante. — Assassin!! assassin!!...

La balle venait de l'atteindre en pleine poitrine, — près de l'épaule gauche. — Le sang jaillissait de sa blessure et l'écume montait à ses lèvres...

C'était un homme mort, mais ce mort galvanisé par la haine trouva la force de lever le bras, de faire feu au hasard, et le hasard put changer de nom et s'appeler momentanément providence.

Hermann Vogel, le crâne brisé, tomba sans pousser un soupir.

— Cette fois, monsieur le comte, — murmura Charles Laurent, — je vous réponds que votre femme est veuve...

Ce dernier mot s'éteignit dans un dernier râle et le faussaire s'abattit à son tour...

. . . .

. . . .

Quand Valentine rouvrit les yeux elle était dans sa chambre, étendue sur son lit, et Lionel, agenouillé près d'elle, tenait ses deux mains dans les siennes.

— Chère bien-aimée,— lui dit-il à demi-voix, — tu as fait un rêve affreux, mais ce rêve est fini et tu peux t'éveiller sans crainte...

Et comme la jeune femme, tremblante encore, l'interrogeait du regard, il ajouta en la pressant contre son cœur :

— Le passé est bien mort...

. . . .

. . . .

Dans un précédent chapitre nous avons reproduit ce vieil adage : *Le bonheur ne se raconte pas.*

Notre récit est donc terminé, car Lionel et Valentine sont heureux, — absolument heureux, — heureux comme ils méritent de l'être, — et ce n'est pas peu dire...

Claire de Cernay a épousé, en 1873, le fils aîné du duc de San-Maximo.

Son bonheur est non moins complet que celui de sa sœur aînée, — et personne n'ignore qu'elle passe à bon droit pour la plus jolie petite duchesse de Paris.

FIN.

F. Aureau. — Imprimerie de Lagny.

HISTOIRE ET MÉMOIRES

(Collection grand in-18 jésus)

D'Albanès Havard. — Voltaire et madame Duchâtelet. 1 vol . . . . 3 fr.

Ancelon. — La vérité sur la fuite de Louis XVI. 1 vol. in-8° 7 50

Madame V. Ancelot. — Un salon de Paris. 1 vol. 5 »

Philibert Audebrand. — Souvenirs de la Tribune des Journalistes. 1 vol . . . . 3 »

Eugène d'Auriac. — Histoire anecdotique de l'industrie française. 1 vol. . . . . 3 »

Ed. de Barthélemy. — Les amis de madame de Sablé. 1 vol. in-8°. . . . . 6 »

Fr. de Barghon. — Mémoires de madame Élisabeth. 1 vol. in-8° . . . . 4 »

Le comte Beugnot. — Mémoires 1783-1815. 2 vol. in-8° . . . . 12 »

Baron Bignon. — Souvenirs d'un diplomate. 1 vol. 3 50

Marquis de Boissy. — Mémoires, 1791-1866. 2 vol. in-8° . . . . 10 »

Honoré Bonhomme. — Louis XV et sa famille 1 vol. 3 50

P. de Bourgoing. — Souvenirs d'histoire contemporaine. 1 vol. in-8°. 7 50

Champfleury. — Souvenirs de jeunesse. 1 vol. . . 3 50

L'abbé Cognat. — Histoire de Clément d'Alexandrie. 1 vol. in-8° . . . . 6 »

F. Combes. — Histoire de la diplomatie européenne. 2 vol. in-8° . . . . 15 »

J. Danielo. — Conversations de Chateaubriand. 1 vol. in-8° . . . . 6 »

Nerée Désarbres. — Deux siècles à l'Opéra. 1 vol. 3 »

Desmaze. — La Sainte Chapelle du Palais de Justice. 1 vol. . . . . 5 »

De Foucault. — Mémoires sur les événements de 1830. 1 vol. in-8° 2 50

HISTOIRE ET MÉMOIRES

(COLLECTION GRAND IN-18 JÉSUS)

Éd. Frémy. — Les diplomates de la Ligue. 1 vol. . 3 50
Fr. Gaillardet. — Mémoires sur la chevalière d'Eon. 1 vol. in-8°. . . . . 6 »
L. de Givodan. — Histoire des classes privilégiées. 2 vol . . . . 7 »
Maréchal de Grouchy. — Mémoires publiés par le marquis de Grouchy. 5 vol. in-8°. . . . . 30 »
Hallays Dabot. — Histoire de la censure théâtrale. 2 vol. 4 50
Arsène Houssaye. — Galerie du XVIIIe siècle. 4 vol. 14 »
Charles Paul de Kock. — Mémoires. 1 vol. . . . 3 50
Madame de La Rochejacquelin. — Mémoires sur les guerres de la Vendée. 2 vol. . . . . 6 »
M. de Lescure. — Les confessions de l'abbesse de Chelles. 1 vol. . . . . 3 »
— Le maîtresses du régent. 1 vol. 4 »
— Nouveaux mémoires du maréchal duc de Richelieu. 4 vol. . . . . 14 »
Laurent de l'Ardèche. — La famille d'Orléans. 1 vol. in-8°. . . . . 5 »
De Loménie. — Les Mirabeau. 2 vol. in-8°. . . . . 14 »
Marie-Antoinette. — Correspondance inédite. 1 vol. in-8°. 8 »
Mazas de Sarrion. — Histoire de Prusse. 1 vol. in-8° 5 »
Comte de Mérode. — Souvenirs. 2 vol. in-8°. . . . 15 »
Alfred Michiels. — Histoire de la politique autrichienne. 1 vol. in-8°. . . . . 7 »
L. Nicolardot. — Journal inédit de Louis XVI, 1 vol . . . . 5 »
— Histoire de la table, 1 vol. . . 3 50
Amédé Pichot. — Napoléon à l'île d'Elbe. 1 vol. in-8°. 7 »
— Souvenirs de M. de Talleyrand. 1 vol 3 50
Raudot. — Napoléon Ier peint par lui-même. 1 vol. . 3

HISTOIRE ET MÉMOIRES

(COLLECTION GRAND IN-18 JÉSUS)

Jh. Russel. — Essai sur le gouvernement britannique. 1 vol. in-8 . . . . 7 »
Saint-Amand. — Les femmes de Versailles. 1 vol. 3 50
Marius Topin. — L'homme au masque de fer. 1 vol. 3 50
Viennet. — Histoire de la puissance pontificale. 2 vol. in-8°. . . . . 10 »
Eug. Vignaux. — Mémoires sur Lamoignon de Malesherbes. 1 vol. in-8°. . . . . 5 »
H. de Villemessant. — Mémoires d'un journaliste, 4 vol . . . . 12 »
Ed. Werdet. — Souvenirs de la Vie littéraire. 1 vol. 3 50
De Valfons. — Souvenirs du marquis de Valfons. 1 vol 3 50

HISTOIRE LITTÉRAIRE ET ARTISTIQUE

Bonnassies. — Les Spectacles forains. . . . . . . 4 »
A. Cantaloube. — Eugène Delacroix. 1 vol. . . . 2 »
Cenac Moncaut. — Littérature populaire de la Gascogne. 1 vol. . . . . 4 »
Champfleury. — Histoire de la caricature antique. 1 vol. . . . . 5 »
— Histoire de la caricature au moyen âge et sous la Renaissance. 1 vol. »
— Histoire de la caricature sous la République et l'Empire. 1 vol. 5 »
— Histoire de la caricature moderne. 1 vol. . . . . 5 »
— Histoire de l'imagerie populaire. 1 vol . . . . 5 »
— Histoire des faïences patriotiques. 1 vol . . . . 5 »
Guy de Charnacé. — Causeries sur mes contemporains. 1 vol. 3 50

HISTOIRE LITTÉRAIRE ET ARTISTIQUE

(COLLECTION GRAND IN-18 JÉSUS)

Alfred Delvau. — Histoire des barrières de Paris. 1 vol. 4 50
Desnoiresterres. — Les Cours galantes. 4 vol. . . 12 »
Léon Escudier. — Souvenirs de littérature musicale. 2 vol. . . . . 6 »
Paul Foucher. — Les coulisses du passé. 1 vol. . 3 50
Victor Fournel. — Ce qu'on voit dans les rues de Paris. 1 vol 3 50
— Les spectacles populaires et les artistes des rues. 1 vol. . . . 3 50
Ed. Fournier. — La comédie de Jean Labruyère. 2 vol . . . . 6 »
— Histoire du Pont-Neuf. 2 vol. . 6 »
— L'esprit des autres. 1 vol. . . . 3 »
— L'esprit dans l'histoire. 1 vol. . 3 »
Ed. et J. de Goncourt. — L'amour au XVIIIe siècle. 1 vol. . . . . 5 »
A. Grenier. — A travers l'antiquité. 1 vol. . . . . 3 »
Jules Janin. — La fin d'un monde et le neveu de Rameau. 1 vol. 3 50
Auguste Lepage. — Les cafés politiques et littéraires. 1 vol. 2 »
A. Michiels. — Histoire des idées littéraires. 2 vol. in-8°. 12 »
Ch. Nisard. — Des chansons populaires. . . . . . 10 »
Ch. Poisot. — Histoire de la musique en France. 1 vol. 4 »
M. de l'Orchestre. — Les soirées parisiennes. 1 vol. 3 50

CURIOSITÉS LITTÉRAIRES ET POLITIQUES

Olympe Audouard. — La femme depuis six mille ans. 1 vol. 3 50
Barbey d'Aurevilly. — Les quarante médaillons de l'Académie. 1 vol. . . . . 2 »

www.ingramcontent.com/pod-product-compliance
Lightning Source LLC
LaVergne TN
LVHW020616110826
845149LV00002B/486

9782012164123